楽しいゲームを

ブロックをつないで

超簡単にスマホアプリが

できる本

App Inventor2 入門 II

Androidアプリを

はじめて作る人のために

Scratch 経験者なら

フィーリングでアプリができる！

草野　泰秀　著

ISBN-13:978-1719154208

ISBN-10:1719154201

まえがき

App Inventor2 というプログラミング言語は，Scratch のスマートフォン版と言えます。したがって，Scratch でプログラム作成の経験者であれば，ブロックをつなぐだけでスマートフォンアプリができるので，フィーリングでできると思います。

一般に Android アプリ開発本は，開発言語に Java，開発ツールに Android Studio を使用しています。本のタイトルには，「やさしい」とか「かんたん」とありますが，スマートフォンに「Hello　world」をたった 1 行表示するだけのアプリ作成でも，パソコンの設定やこのプログラム説明だけで，1 冊の本の半分近くを占めているほど，複雑なものでした。

その内容は，次のようになります。

1　Android プロジェクトを作成します。

2　開発ツール Android Studio のエディタに Java コードを数十行入力します。

3　アプリ作成・実行します。

なかでも特に難しいところは，2 番目の Java コードを数十行入力するところです。点とコンマの違いやセミコロンを忘れただけで「エラー」が出て次へ進めません。

これに対して，App Inventor2 は Java 言語などの文法を覚える必要はないので，スペルの間違いのエラーがありません。

アルゴリズム（処理手順）さえ分かれば，ブロックを積み上げるだけでスマートフォンアプリができるので，はじめて取り組もうとする人に App Inventor2 は最適な言語と言えます。

FORTRAN，COBOL，BASIC 言語から C，Java 言語，Visual Bacic，VBA，Visual C++，Visual C# とコンピュータ言語が発展してきましたが，究極的に容易で効率がよく，最も生産性が高い言語はコーディングをしなくてもよい App Inventor2 と思います。

文部科学省ではプログラミング教育を 2020 年から小学校で必修化の方針が政府から出されましたが，主な狙いは論理的思考力や創造性・問題解決能力等の育成です。この方針は，大変歓迎できるのですが，有識者会議の問題点の一つに挙げられたのが，

『小学校で効果的なプログラミング教育を実施するために必要な条件には、「ICT 環境の整備」「教材の開発」「教員の養成・研修」「指導体制の充実」「社会との連携・協働」』です。

ぜひここで，本書を活用していただき，上記の「教材開発」「教員の養成・研修」の一助になれば幸いです。

　小学校の効果的なプログラミング言語に，産業競争力会議で出されたものとしてビジュアルプログラミング言語 Scratch がありますが，App Inventor2 はその Scratch とほぼ同じ仕様です。App Inventor2 と Scratch の違いは，作成したアプリがスマートフォンで動作するか，パソコン上で動作するかです。

　両方の言語において共通することは，アルゴリズムができれば，それに従ってブロックを積み上げればプログラムが動作します。アルゴリズムというと難しく思われますが，要はシナリオを作ればいいだけです。

　たとえば，本書の中で「もぐらたたきふーちゃんはだめよ」というゲームについていえば，次のようなシナリオになります。

　『もぐらはスマートフォンの画面にランダムな位置に 0.5 秒おきに現れます。

　　ユーザはモグラに触れると，「あたり」としゃべって 10 点加点されます。

　　子猫のふーちゃんもスマートフォンの画面にランダムな位置に 0.5 秒おきに現れます。

　　子猫のふーちゃんにユーザがタッチすると「だめ」とスマートフォンがしゃべって点数は，10 点減点されます。』

　このようなシナリオができれば，あとはそのシナリオに合うブロックをつなげていけばプログラムが完成します。本書は，その手順をステップごとに丁寧に解説しています。

　App Inventor2 は，ブロックを積み上げるだけで低学年でも容易にプログラミングができる「Scratch」言語とほぼ同じようなものです。したがって，「Scratch」言語でのプログラミング経験のある方は，まったく抵抗なくすぐにプログラミングができます。

　インタプリタ言語なので，作成途中でも実行して，プログラム動作が確認できます。

　また，App Inventor2 は，他のプログラム言語と同じ機能（順次構造，分岐構造，繰り返し構造）を持っているので，幅広い分野でプログラムができます。中でも，Android スマートフォンでのゲーム作成には特に優れていると思います。

　本書は，目次を見ていただければ分かると思いますが，初歩の方のためにステップごとに項目を設けて，機能を少しずつアップしていく形態で，プログラムのブロック図と作成手順を詳細に書きました。

　本書通りに作成すれば，おもしろいゲームを楽しみながら作成できて，App Inventor2 プログラムがマスターできると思います。

　本書は「App Inventor2 入門　ブロックをつないで楽しんで作るスマートフォンアプリ制作」本を改訂したものです。改定したところは，モグラたたきゲームでモグラや猫のふーちゃんが 0.5 秒おきに動くゲームはユーザにとって難しいので「初級」，「中級」，「上級」レベルを設定し，初級では 1 秒おきに，中級では 0.5 秒おきに，上級では 0.33 秒おきにモグラや猫のふーちゃんが画面上を移動するようにしたことです。また画像が多い本書の画像と文字の配置等がよくなるように mobi ファイルで作成しました。さらに，校閲して理解しやすいように説明順序を変更し，新しい機種のスマートフォンでの実行例を入れました。

　本書を作成している段階で特に気付いたことを挙げます。

　コンピュータプログラムで最も基本的な，スマートフォンからデータを入力して，その値を変数に入れて計算等の処理をして出力（表示する）例題プログラムが他の本やインターネットで検索してもありませんでした。つまり，TextBox に関する説明はプロパティの属性をnumbersonly にするなど懇切丁寧な解説がありますが，TextBox に入力した値を変数に代入するという最も基本的な例題がなくて，ゲームのキャラクターを動かす方法などがほとんどを占めていました。TextBox を使用した例がないので，TextBox を使用するプログラムを試行錯誤で作成してみて多くのエラーを出しました。そうして，TextBox を使用した例題 2 例と演習問題を 1 問追加しました。

　プログラム言語のたくさんの使用例を挙げた本がプログラミングをマスターするのに最も役に立つということが身をもって分かりました。

　APP Inventor2 プログラム作品がどんなものか，私のホームページ Kusano's　Page
URL：http://www2s.biglobe.ne.jp/~y-kusano/
に紹介している「モグラたたき・ふーちゃんはだめよ」，「eLearning たしざん練習」，「かんたん電卓」ゲーム（無料）を Google Play Store からスマートフォンにインストールして実行して楽しんでみてください。興味がわくと思います。ぜひ，ご活用ください。

　APP Inventor2プログラムをいつはじめますか？
林先生の言葉のとおり「今でしょ！」
2018 年 3 月 30 日

草野　泰秀

目次

第1章　App Inventor の基礎

1　App Inventor の環境

　App Inventor はもともと Google が開発しているので Google の Gmail アカウントが必要である。ブラウザは Internet Explore や Safari なども使用でるが，Google Chrome の使用をお薦めする。

(1)　Gmail のアカウントを取得する。

(2)　Java をインストールする。

　Java Runtime Environment は，最近ではパソコンに最初から入っているものがほとんどですが，入っているかどうか Windows10 での確認方法は次のようにする。

1.　Windows の「スタート」メニューを起動する。

2.　「すべてのアプリ」をクリックする。

3.　「Java」プログラム・リストを探索する。

4.　「Java について」をクリックして Java のバージョンを表示する。

バージョンが7以上であることを確認してください。

　Java がインストールされていない方は，URL

www.java.com

をクリックすると次の画面がでるので

中央の「無料 Java のダウンロード」ボタンをクリックしてダウンロードしてください。すると，ダウンロードがはじまるが，保存場所は自分が分かる場所を指定してください。ダウンロードしたファイルをダブルクリックでインストールが始まる。後は，画面の指示にしたがって操作してください。

(3)　App Inventor の公式サイトを開く

URL　http://appinventor.mit.edu/explore/

(4)　実機（スマートフォン側）の設定

①AppInventor2 の作成画面の Connect ボタンから Al Companion を選択し、QR コード中央に表示される Connect to Companion のダイアログを開く

②Need help finding the Companion App?のリンクから App Inventor の公式サイトに遷移する

③遷移したページに Play Store からアプリをダウンロードする QR コードとアプリに直接ダウンロードできる QR コードが表示されるので、QR コードを読み取るアプリなどを使用して"MIT Al2 Companion"というアプリをデバイスにインストールする。

④バソコンとデバイスの Wi-Fi 環境を同じに設定する。

⑤AppInventor2 の作成画面の Connect ボタンから Al Companion を選択し、表示される QR コードを"MIT Al2 Companion"アプリの Scan QR code を使って読み取る

⑥App Inventor2 の作成画面アプリが接続され、変更内容がそのままリアルタイムで表示されるようになる。

(5)パソコンのみでアプリの動作確認をする場合エミュレータ設定が必要である。

①この MIT のページからインストーラをダウンロードする。

http://appinventor.mit.edu/explore/ai2/setup-emulator.html#step1

②インストーラを起動しインストールする。

③インストール後再起動して起動する。

④App Inventor2 のコネクトの所にあるエミュレータを選択する。

⑤エミュレータが起動するまで待つと、エミュレータで自分の作ったアプリを見ることができる。

2 App Inventor の起動

　まずは，Google　Chrome かインターネットエクスプローラ等のブラウザで次の公式サイトの URL

http://appinventor.mit.edu/explore/

をクリックすると次の画面がでるので「アプリを作成しよう」ボタンをクリックする。

次の画面が表示される。

「許可する」（画面は誤訳）するボタンをクリックする。

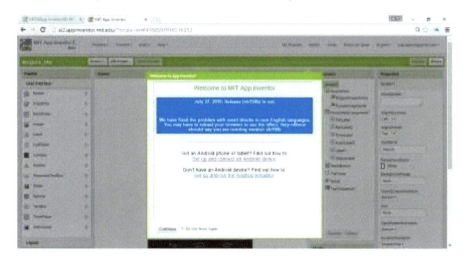

の画面がでるので，「Continue」ボタンをクリックする。

Project name1 欄に任意のプロジェクト名を入れる。ここでは，「reidai1」を入れる。

以後，ここでプログラムを作成するので，お気に入りに登録しておくと便利である。

第2章　基本動作処理

例題 2-1　「スマホアプリ作成頑張ります」をしゃべる

ボタンをタッチすると「スマホアプリ作成頑張ります！」をしゃべるプログラムを作る。

①部品の配置

プロジェクト名に「reidai1」を入力すると次の画面が出る。

まず，ボタンを配置する。パレット欄の「User Interface」の中にある「Button」をビューワ内のスマホ画面にドラッグアンドドロップする。

ボタンに表示する文字を「話す」と表示しましょう。ビューワコンポーネントでボタンを選択した後，プロパティ欄にある「Text」というテキスト欄に「話す」を入力する。ここを編

集するとスマホの画面上のボタンもすぐに更新される。

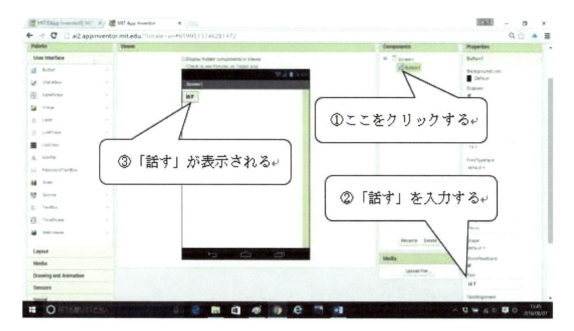

このボタンにしゃべる機能を持たせる。

パレットの「Media」をクリックし，その中の「TextToSpeech」という部品をビューアにドラッグアンドドロップする。これは，画面に見せない部品なので「Non-Visible components」という欄に配置される。

部品の配置は以上である。

②ブロックエディタによるプログラム作成

　これから，ブロックエディタという別の画面でプログラムを作成する。

ここをクリックして、
プログラムを作成する。

まず，ブロック欄のコンポーネントブロックにある「Button1」をクリックする。
そうすると，Viewer 欄にいろいろなブロックが現れるが，ここでは「when Button1.Click do」
というブロックをワークスペースへドラッグアンドドロップする。このブロックは，ボタンを
押すとその中のブロックを実行するという役割を待つ。

「しゃべる」ブロックを when Button1.Click do のブロックにはめ込む。ブロック欄のコンポーネントブロックにある「TextToSpeech1」をクリックすると，ビューア欄の左側にいろいろなブロックが現れる。この中から「call TextToSpreech1 Speak message」

というブロックを，先ほどの「when Button1.Click do」というブロックの中にはめ込む。

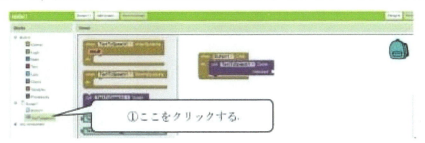

「call TextToSpreech1 Speak message」の意味は「テキストの内容をしゃべりなさい。」という意味である。

「call TextToSpreech1 Speak message」のブロックの右側に「message」という穴が空いています。そこにしゃべる内容をテキストで書く。文字は，ビルトイングループの「Text」をクリックする。ビューワ欄の一番上のブロックを選んで，先ほど

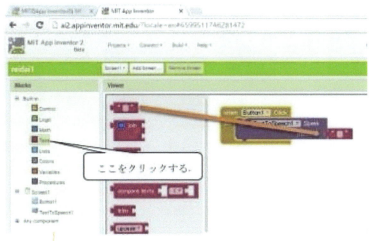

の「**call TextToSpreech1 Speak message**」の「**message**」にはめ込む。はめ込んだテキストブロックにスマホにしゃべらせたい内容「スマホアプリ作成頑張ります！」を書きこむ。これで，プログラムの作成は終わる。

③スマートフォンによるプログラムの実行

「connect」タブをクリックして，「AI Companion」をクリックする。

次の画面がでるので，スマホの「MIT AI2 Companion」アプリを起動する。スマホの画面の「scan OR code」をタッチして，QR コードを読み取れば，スマホの例題アプリが実行できる。

「話す」ボタンを押してみてください，しゃべれば成功である。

・プログラムの保存方法

①Projects タブをクリックすると，つぎのようなプルダウンメニューが出てきます。

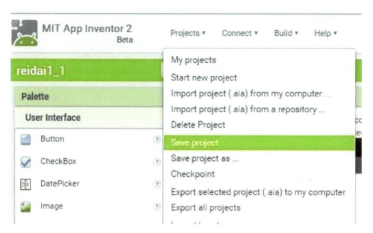

②その中の「Save project」をクリックする。

例題 2-2　四則計算　和・差の計算

> 例題 2-2　「start」を押せば，変数 x に 9 を，y に 3 を設定し，和＝x+y, 差＝x-y
> を計算して表示するプログラムを作る。

①部品の配置

プロジェクト名に「reidai1_2」を入力すると次の画面が出る。

まず，ボタンを配置する。パレット欄の「User Interface」の中にある「Button」をビューワ
内のスマホ画面にドラッグアンドドロップする。

　ビューワコンポーネントでボタンを選択した後，プロパティ欄にある「Text」というテキ
スト欄に「start」を入力する。

　User Interface グループの中の「Label」をスマホ画面にドラッグアンドドロップする。
Text を x に編集する。

　yの表示についても同様に「Label」からスマホ画面にドラッグアンドドロップして，Text
を「y」に変更する。

変数 wa と sa についても同様に「Label」をスマホ画面にドラッグアンドドロップする。
「Text」については，表示を消する。ブロックエディタのプログラムで
和，差を表示する。

②ブロックエディタによるプログラム作成

　これから，ブロックエディタという別の画面でプログラムを作成する。

まず，ブロック欄のコンポーネントブロックにある「Button1」をクリックする。

そうすると，Viewer 欄にいろいろなブロックが現れるが，ここでは「when Button1.Click do」というブロックをワークスペースへドラッグアンドドロップする。このブロックは，ボタンを押すとその中のブロックを実行するという役割を持つ。

ビルトイングループの中の「Variables」をクリックすれば，ビューワ欄に変数関係のブロック一覧が表示される。その中の一番上にある「Initialize global name to」をワークスペースへドラッグアンドドロップする。

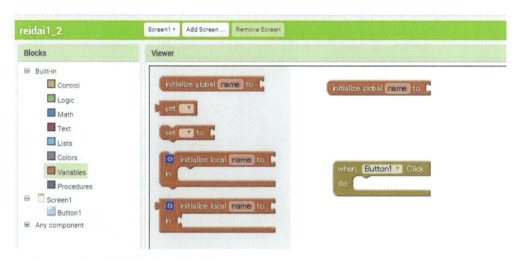

「name」を「x」という変数名に変更する。

ビルトイングループの中の「Math」をクリックし，ビューワ欄の一番の上のブロックを「Initialize global name to」の穴にはめ込む。

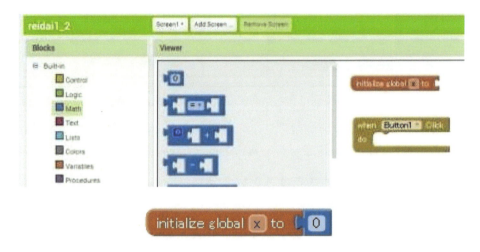

数値 0 を 9 に変更する。

同様にして，変数 y も 3 に設定する。

次に，和の変数 wa，差の変数 sa もそれぞれ初期設定を 0 に定義する。

ビルトイングループの中の「variable」をクリックして「set ・・to」ブロックを
「when Button Click do」ブロックの中にはめ込む。「set ・・to」ブロックの中の変数に
「global wa」を選択する。

「ビルトイングループ」の中の「Math」をクリックして，ビューワ欄から

を選択して，「set global wa to」ブロックの穴にはめ込む。

「ビルトイングループ」の「variable」をクリックして，ビューワ欄より「get・・」を選択して先ほどの＋演算子の前後に「get global x」「get global y」をはめ込む。これにより

wa = x + y

の計算がされる。

```
when  Button1 .Click
do   set global wa to  [ ⊙  get global x  +  get global y ]
```

同様にして差の計算ブロックを作成する。

```
when  Button1 .Click
do   set global wa to  [ ⊙  get global x  +  get global y ]
     set global sa to  [      get global x  -  get global y ]
```

次に，結果の表示部分を作成する。

「Screen1」グループの「Label1」をクリックしてビューワ欄の「set Label1 Text to」を「when Button1 Click do」の一番下にはめ込む。次にビルトイングループの「Variables」をクリックして，「get global x」を「set label1 Text to」の穴にはめ込む。

次に見出し「和＝」を付けて，結果を表示させる方法を示する。

「Screen1」グループの「Label3」をクリックしてビューワ欄の「set Label3 Text to」を「when Button1 Click do」の一番下にはめ込む。

次にビルトイングループの「Variables」をクリックして，「join」を「set label3 Text to」の穴にはめ込む。

ビルトイングループ「Text」をクリックして，「" "」を「join」の穴にはめ込む。Text
の「" "」を「"和="」に書き換えます。

次にビルトイングループの「Variables」をクリックして，「get global wa」を「join」の
穴にはめ込む。

差の表示も同様にする。

例題2-2の全体のプログラム

出力結果

例題 2-3　２つの乱数を発生による積と商の計算

> 例題 2-3　「start」ボタンを押せば，２つの１桁乱数 x, y を発生させ，その積
> 積＝x×y と商　商＝x/y を計算するプログラムを作る。

　例題 2-2 と同様にして，次の図のように，「start」ボタンと「x」，「y」，「seki」，「syo」
のラベルを配置する。

24

ビルトイングループの中の「**Variables**」をクリックすれば，ビューワ欄に変数関係のブロック一覧が表示される。その中の一番上にある「**Initialize global name to**」をワークスペースへドラッグアンドドロップする。

次にビルトイングループの「Math」をクリックして「random integer from 1 to 100」の 100 の部分を 10 に変更する。それを，「Initialize global x to」の穴にはめます。

変数 y の乱数発生は，「Initialize global x to」をクリックして「コピー（CTRL+C）」「貼付け（CTRL+V)」すれば，早く処理できる。次の図に示すように

変数が x 2 になりますが，x2 をクリックして y に変更する。

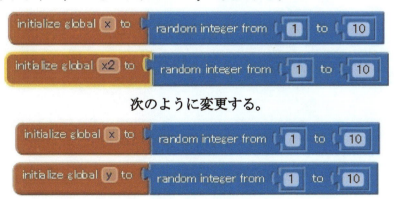

次のように変更する。

ビルトイングループの中の「variable」をクリックして「set ・・to」ブロックを
「when Button Click do」ブロックの中にはめ込

む。「set ・・to」ブロックの中の変数に「global seki」を選択する。

「ビルトイングループ」の「variable」をクリックして，ビューワ欄より「get・・」を選択して先ほどの×演算子の前後に「get global x」「get global y」をはめ込む。これにより

seki=x×y

の計算がされる。

商の処理については，積と同様にして次の図のようにする。

結果表示については，例題 2-2 と同様に次の図のようにする。

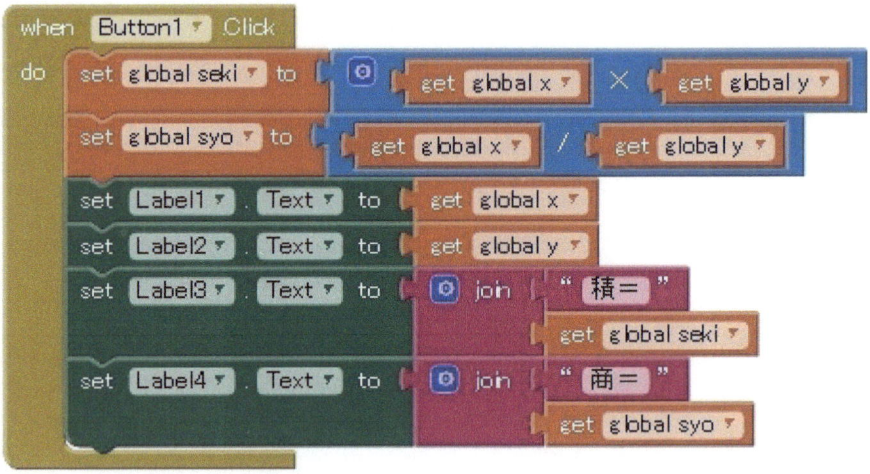

例題 2-3 のプログラム

```
initialize global [ x ] to ‖ random integer from ( 1 ) to ( 10 )
initialize global [ y ] to ‖ random integer from ( 1 ) to ( 10 )
initialize global [ seki ] to ( 0 )    initialize global [ syo ] to ( 0 )

when  Button1 ▾  Click
do    set  global seki ▾  to    ⊙  [ get global x ▾ ] × [ get global y ▾ ]
      set  global syo ▾  to    ⊙  [ get global x ▾ ] / [ get global y ▾ ]
      set  Label1 ▾ . Text ▾  to    get global x ▾
      set  Label2 ▾ . Text ▾  to    get global y ▾
      set  Label3 ▾ . Text ▾  to    ⊙  join    " 積＝ "
                                                get global seki ▾
      set  Label4 ▾ . Text ▾  to    ⊙  join    " 商＝ "
                                                get global syo ▾
```

例題 2-3 の実行結果の例

例題 2-4　スマホを振ったらしゃべる

例題 2-4　例題 2-1 のプログラムを変更して，スマホを振ったら「フレー　フレー　日本！」としゃべるようにしてみよう。

・作成したプログラムの呼出し方法

①Projects タブをクリックすると，つぎのようなプルダウンメニューが出てきます。

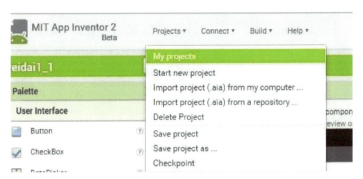

②My project をクリックすれば，保存していたプログラムファイルの一覧が出てきます。

③一覧の中の「reidai1_1」をクリックすれば，例題 2-1 が出てきます。保存ファイル名に
マイナス記号－は使用できません。代わりにアンダーバー__を使用する。

・加速度センサーの配置

パレット欄の中の Sensors をクリックするとセンサー一覧が出てきます。その中の
加速度センサー部品「AccelerometerSensor」をビューア欄へドラッグアンドドロップす
る。

これは，画面に表示されない部品なので，「Non-visible components」欄に配置される。
ブロックエディタに移動（Blocks をクリックする）する。そこで，Screen1 一覧の中の
「AccelerometerSensor」をクリックすれば，ビューワ一覧が出てきます。

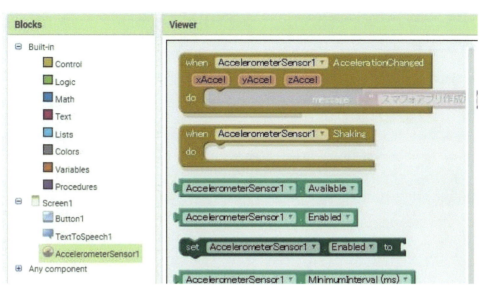

その中の,「when AccelerometerSensor1 Shaking do」ブロックをワークスペースへドラッグアンドドロップする。

次に,「when Button1 Click do」の中の「call TextToSpeech1 Speak message・・」のブロックを「when AccelerometerSensor1 Shaking do」ブロックの中にドラッグアンドドロップする。

　この段階で，プログラムを実行する。スマホを振れば「スマホアプリ作成頑張ります！」とスマホがしゃべる。

　「when Button1 Clic do」ブロックをごみ箱へドラッグアンドドロップして，消する。次にメッセージの内容（しゃべる内容）を「日本体操団体　柔道　金メダルおめでとう！」と入れ替えてみよう。

```
when  AccelerometerSensor1 ▼ .Shaking
do    call  TextToSpeech1 ▼ .Speak
                     message  " 日本体操団体 柔道 金メダルおめでとう！ "
```

　次にメッセージの内容（しゃべる内容）を「フレー　フレー　日本！」と入れ替えて完了である。

　例題 2-4 のプログラム

```
when  AccelerometerSensor1 ▼ .Shaking
do    call  TextToSpeech1 ▼ .Speak
                     message  " フレー フレー 日本！ "
```

例題 2-5　分岐　簡単な eLearning 作成

> 例題 2-5　「猫の写真を英語で何と言いいますか？」を出題し，答えを選択させる。その答え合わせをするプログラムを作る。

User Interface 欄の「Label」をスマホ画面にドラッグアンドドロップする。次に Text の内容を「次の写真は英語で何といいますか？」に書き換えます。

User Interface 欄の「Image」をスマホ画面にドラッグアンドドロップする。

次に Media の下にある「Upload File」ボタンをクリックし，３００ピクセル位の猫の写真

のファイルを選択する。Properties 欄の Height を 200pixels に Width を Automatic に Picture を猫のファイル名 fuchan1.jpg を入力すれば，スマホ画面に猫ふーちゃんの写真が表示される。

User Interface 欄の「List Picker」をスマホ画面にドラッグアンドドロップする。Rename ボタンを押して「List Picker」を「Answer Picker」に変更する。

Elements String の下の枠に解答の選択肢をコンマで区切って入力する。ここでは，「dog, cat」を入力する。Text を「ここを押して，答えを選択してください。」と入力する。

User Interface 欄の「Label1」をスマホ画面にドラッグアンドドロップする。Rename ボタンをおして「Label2」を「AnserLabel」に変更する。

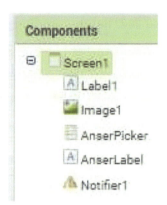

「Blocks」をクリックして，ブロックエディタに移動する。次に Screen1 欄の
「AnserPicker」をクリックしてビューア欄の「when AnserPicker AfterPicking do」をワ
ークスペースへドラッグアンドドロップする。

Screen1 欄の「AnserLabel」をクリックして，「set AnserLabel Text to」ブロックを
「when AnserPicker AfterPicking do」ブロックの中に入れる。「AnserPicker」をクリック
して，「AnserPicker Section」を次の図のように入れる。

次にビルトイン欄の「Control」をクリックして「if then」ブロックを「when
AnserPicker AfterPicking do」の中にドラッグアンドドロップする。

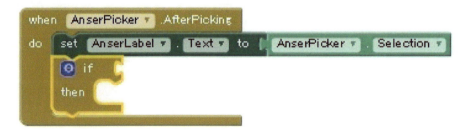

ビルトイン欄の「Math」をクリックして  ブロック

を「if then」の中にドラッグアンドドロップする。

Screen1 欄の「AnserLabel」をクリックして，「AnserLabel Text」if の条件の左辺
　　のブロックはめます。次にビルトイン欄のテキストをクリックして右辺に「cat」
を記入する。

Screen1 欄の「Notifier1」をクリックして，「call Notifier ShowAlert notice」
ブロックを「if then」ブロックの下に入れる。

次にビルトイン欄の「Text」をクリックして「正解です。」を書いた Text ブロック
を「call Notifier ShowAlert notice」ブロックの中に入れる。

不正解処理は正解処理をコピーして，修正した方が早くできる。

「if then」ブロックにマウスカーソルを移動して，「CTRL」と「C」を同時に押してコピーする。次に，「CTRL」と「V」を同時に押して貼付けする。

貼付けされたブロックのイコール＝部分をクリックして，≠を選択する。

「正解です。」を「不正解です。」に変更する。

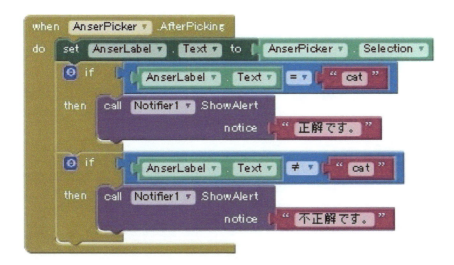

この「if then」ブロックを次の図のように入れてプログラムは完成である。

例題 2-5 のプログラム

例題 2-5 の実行画面

初画面　　　　　　　　　　選択画面

正解画面　　　　　　　　　　　　不正解画面

例題 2-6　繰返し処理　２桁の整数乱数の発生

例題 2-6　２桁の整数乱数を「start」ボタンを押すごとに表示するプログラムを
作る。

User Interface の「Button」をスマホ画面にドラッグアンドドロップする。Text の内容を
「start」にする。「Button1」を「start」に rename する。

User Interface の「Label」をスマホ画面にドラッグアンドドロップする。Text の内容を
「x」にする。

「Blocks」をクリックして，ブロックエディタに移動する。

ビルトイングループの中の「**Variables**」をクリックすれば，ビューワ欄に変数関係のブロック一覧が表示される。その中の一番上にある「**Initialize global name to**」をワークスペースへドラッグアンドドロップする。**name** を **x** に変更する。

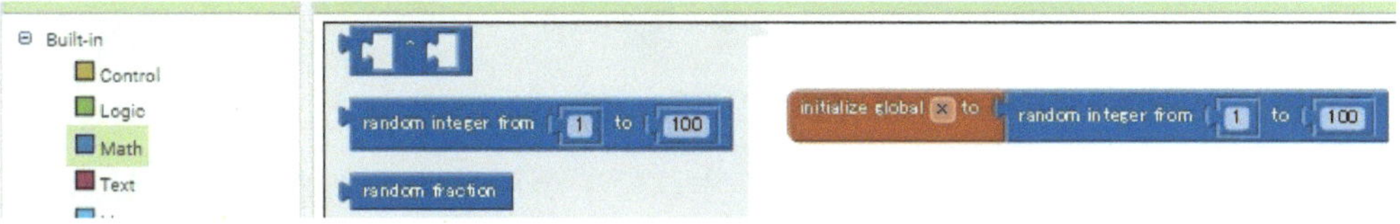

次にビルトイングループの「Math」をクリックして「random integer from 1 to 100」の 100 の部分を「Initialize global x to」の穴にはめます。

Screen1 欄の「start」ボタンをクリックし「when start Click do」をワークスペースへドラッグアンドドロップする。

ビルトイングループの「Variables」をクリックしビューア欄から「set　to」を「when start Click do」のブロックの中に入れる。「set　to」の中の変数を **x** に変更する。

Screen1 欄の Label1 をクリックしてビューア欄から「set Label1.Text to」を「set global x to」ブロックの下に入れる。

「Variables」をクリックし，「get globalx」を下図のようにはめ込む。

例題 2-6 プログラム

例題 2-6　出力例

37

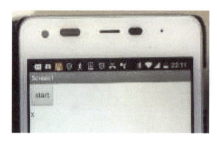 

例題 2-7　繰返し処理　1 から 10 までの和

例題 2-7　「start」ボタンをクリックすれば 1 から 10 までの和を求めるプログラムを作る。

例題 2-7　出力例

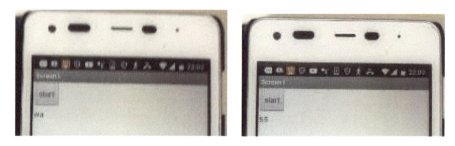

User Interface の「Button」をスマホ画面にドラッグアンドドロップする。Text の内容を「start」にする。「Button1」を「start」に rename する。「Label」をスマホ画面にドラッグアンドドロップし，kekka に rename する。テキストは wa にする。

　「Blocks」をクリックして，ブロックエディタに移動する。

　ビルトイングループの中の「Variables」をクリックすれば，ビューワ欄に変数関係のブロック一覧が表示される。その中の一番上にある「Initialize global name to」をワークスペー

スへドラッグアンドドロップする。**name** を **wa** に変更する。

　次にビルトイングループの「Math」をクリックして「0」を「Initialize global wa to」の穴にはめます。

　Screen1 欄の「start」ボタンをクリックし「when start Click do」をワークスペースへドラッグアンドドロップする。

ビルトイングループの「Variables」をクリックしビューア欄から「set　to」を「when start Click do」のブロックの中に入れる。「set　to」の中の変数を wa に変更する。

ビルトイングループの「control」をクリックしビューア欄から「for each number from 1 to 5 by 1 do」を「when start Click do」のブロックの中の「set global wa to」の下に入れる。「for each number from 1 to 5 by 1 do」の中の変数 5 を 10 に変更する。この命令は変数 number を 1 から 10 まで 1 ずつ繰返すという意味である。

ビルトイングループの「Variables」をクリックしビューア欄から「set to」を「when start Click do」のブロックの中に入れる。その中の変数を global wa に設定する。ビルトイングループの「Math」をクリックしてビューア欄の「" " + " "」演算を「set global wa to」の穴にはめます。「" " + " "」演算の左側に「get global wa」を入れ，右側に「get number」を入れる。

Screen1 欄の kekka をクリックして「set kekka Text to」を「for each number from 1 to 10 by 1 do」ブロックの下に入れる。「get global wa」を「set kekka Text to」の穴にはめます。これにより 1 から 10 までの和が表示される。

例題 1-7 のプログラム

```
initialize global [wa] to [ 0 ]

when [start▼] Click
do   set [global wa▼] to [ 0 ]
     for each [number] from [ 1 ]
                       to   [ 10 ]
                       by   [ 1 ]
     do   set [global wa▼] to [ ⊕ [ get [global wa▼] ] + [ get [number▼] ] ]
     set [kekka▼] . [Text▼] to [ get [global wa▼] ]
```

例題 2-8　テキストボックスを使用した和の計算

例題 2-8　「start」を押し，スマートフォンの入力欄 Textbox1 と Textbox2 にそれぞれ任意の数値を入力する。Textbox1 に入力した値を変数 x に，Textbox2 に入力した値を変数 y に代入する。和＝x+y を計算して表示するプログラムを作る。

次の出力例は Textbox1 に 5 を，Textbox2 に 9 を入力してその和 14 を出力した例である。

出力例

41

画面設計

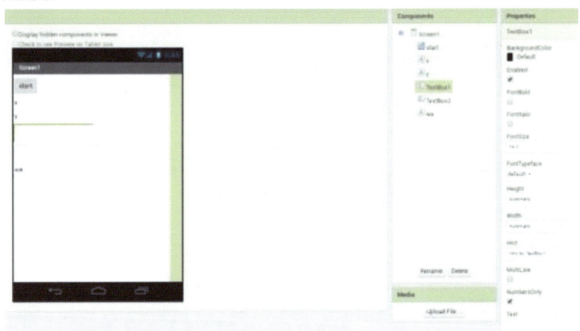

Textbox1 と Textbox2 の properties の Enabled と Numbersonly の欄にチェックを入れる。

Numbersonly 欄にチェックを入れることによって，Textbox1 と Textbox2 は数値のみの入力が可能になる。

部品リスト

グループ	部品名	Components名	プロパティ名	プロパティ値
User Interface	Button	Start	Text	start
	Label	x	Text	x
	Label	y	Text	y
	Label	wa	Text	wa
	TextBox	TextBox1	TextBox1	Enabled
				Numbersonly
	TextBox	TextBox2	TextBox2	Enabled
				Numbersonly

例題 2-8　プログラム

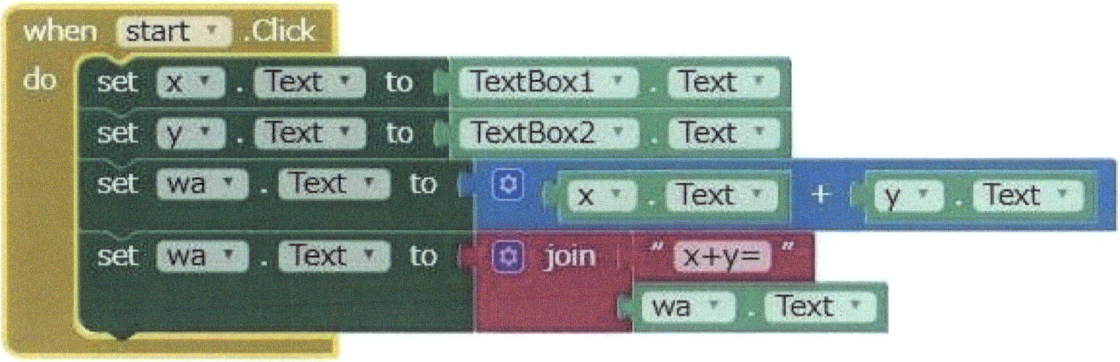

例題 2-8　プログラム説明

「When start.click do」は「start」をタッチすれば，囲まれたブロックの中を実行する。

「set x.Text to TextBox1.Text」は TextBox1 に入力された数値を変数 x に代入する。

同様にして「set y.Text to TextBox2.Text」は TextBox2 に入力された数値を変数 y に代入する。

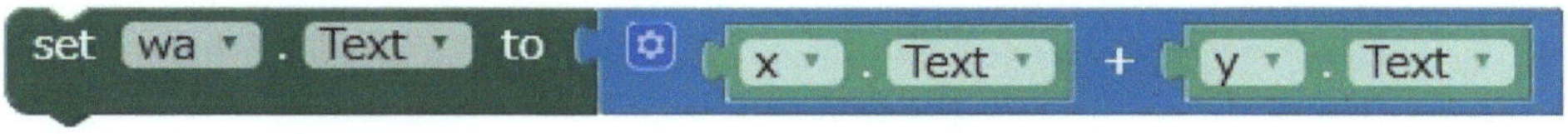

上記の命令は変数 x の値に変数 y の値を加えた値を変数 wa に代入している。

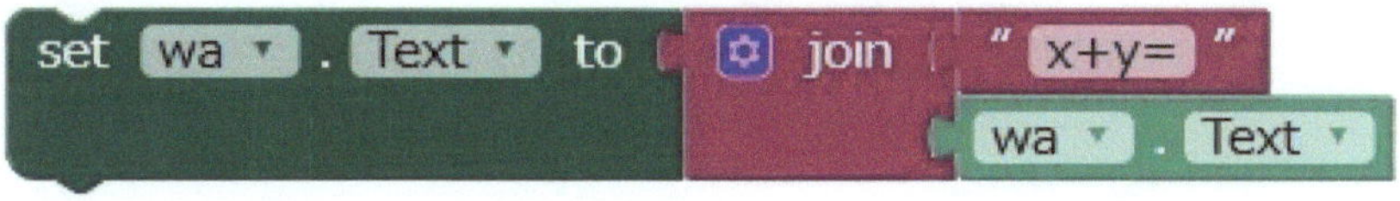

上記の命令は計算結果の wa を「x＋y＝14」のように表示している。

例題 2-9　繰返してテキストボックスの使い方　合計・平均

例題 2-9　「start」を押し，スマートフォンの入力欄 Textbox1 に任意の数値を必要なデータ数 n 個入力する。入力した数値のデータ数，合計，平均を入力するごとに表示するプログラムを作成する。

例題 2-9　データ 10，20，30 の 3 件を入力した出力例

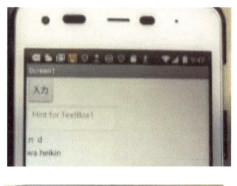

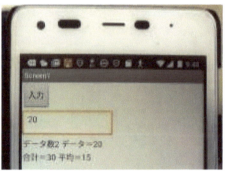
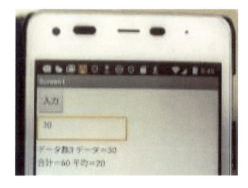

画面設計

部品リスト

グループ	部品名	Components 名	プロパティ名	プロパティ値
User Interface	Button	nyuryoku	Text	入力
	Label	n	Text	n
	Label	d	Text	d
	Label	wa	Text	wa
	Label	heikin	Text	heikin
	TextBox	TextBox1	TextBox1	Enabled
				Numbersonly

例題 2-9　プログラム

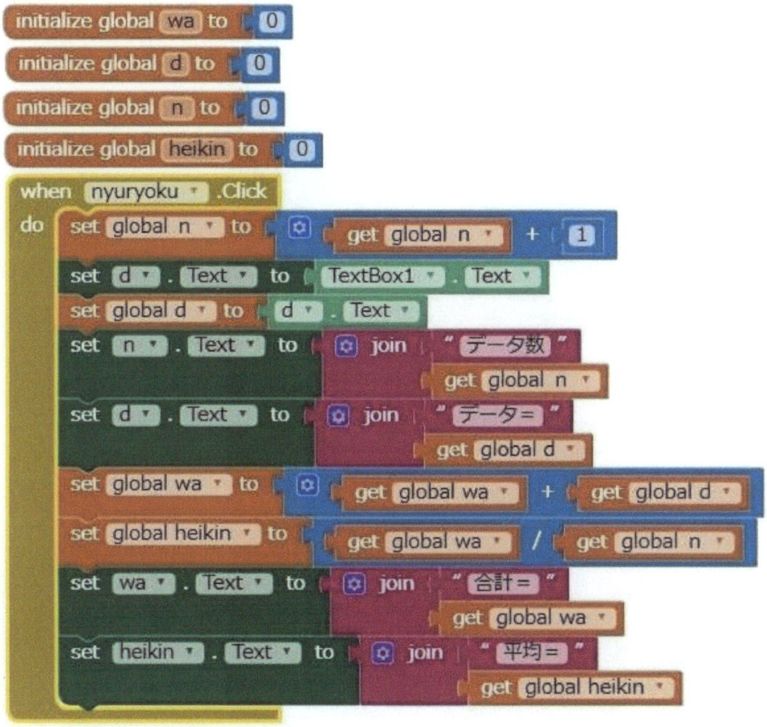

例題 2-9　プログラム解説

```
initialize global wa to 0
initialize global d to 0
initialize global n to 0
initialize global heikin to 0
```

上記のプログラムは変数 wa, d, n, heikin の初期設定ですべて 0 に設定している。
「when nyuryoku.click do」は，入力ボタンをタッチすることにより，以下の合計，平均等の計算をする。

```
set global n to ( get global n + 1 )
```

　上記の命令はデータ数をカウントする変数 n を入力ボタンをタッチするごとに 1 ずつ増加させている。

```
set d . Text to TextBox1 . Text
set global d to d . Text
```

　上記の命令文がこの例題の最も重要な部分である。この 2 ブロックによって，テキストボックスに入力した値を変数 d に入れる処理である。つまり，最初の 1 行目はテキストボックスの値をラベル d に入れる。次にラベル d の値を変数 d に入れている。このようにしなければ，テキストボックスに入力した値が変数に設定できない。

```
set n . Text to ( join "データ数"
                        get global n )
```

上記の命令で

データ数 1　データ＝10

を表示する命令である。

```
set global wa to ( get global wa + get global d )
```

上記の命令は，変数 wa に変数 d を加えた値を変数 wa に入れている。
つまり，次の計算をさせている。

　　wa ← wa + d

上記の命令は，合計変数 wa をデータ数 n で割って平均を計算している。

上記の命令は，計算した合計 wa と平均 heikin を次のように表示させている。

合計＝60　　平均＝20

第2章　演習問題

演習問題 2-1　ボタンを押したらスマホがしゃべる

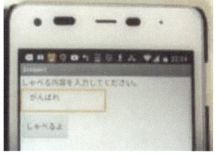

「しゃべる」ボタンを押したら，スマホに入力した文字をスマホがしゃべるプログラムをつくる。右図のような画面設計をする。

演習問題 2-2　スマホを振ったらスマホがしゃべる

スマホを振ったら，スマホに入力した文字をスマホがしゃべる

プログラムをつくる。

演習問題 2-3　ボタンを押してもスマホを振ってもしゃべる

演習問題 2-1 と演習問題 2-2 を合体して，「しゃべる」ボタンを押しても，スマホを振ってもスマホに入力した文字をスマホがしゃべるプログラムをつくる。

演習問題 2-4　奇数の和を求める

1 から 21 までの奇数の和を求めるプログラムを作る。出力は右図のようにする。

1+3+5+・・・+21

演習問題 2-5　入力した 2 つの数の計算

任意の 2 つの数 x，y を入力してその和 x ＋ y，差 x - y，積 x × y，商 x / y を求めるプログラムを作る。　次に示すような出力形式にすること。次の出力例は x に 5 を，y に 3 を入力した場合の例である。

第 3 章　応用編

例題 3-1　elearnning **ソフト足し算練習**

例題 3-1　「Start」ボタンを押せば，1 桁乱数 x，y を発生して，たしざんを出題する。答えの入力に対応した正誤メッセージを表示するプログラムを作る。

また，採点ボタンを押すことにより，100 点満点に換算（正解数×100／問題数）した点数を表示するとともに正解数と問題数も表示できるようにする。

操作手順は次の通りである。

解答の入力は数字のボタンを押した後，「Enter」ボタンを押すことにより数字を表示させた例が図 3-3 である。

「採点」ボタンを押せば，正誤のメッセージが表示される。図 3-4 が「正解です。」を表示している例である。

「消去」ボタンを押せば，出題と答えがすべてクリアされて 0 表示される。図 3-5 がその例である。

「Start」ボタンを押せば，次の問題が乱数で出題される。図 3-6 がその例である。

間違った答えを入力して「Enter」ボタンを押して，数字を表示させた例が図 3-7 である。

「採点」ボタンを押して「間違いです。」を表示させた例が図 3-8 である。

| 図 3-1 | 図 3-2 | 図 3-3 | 図 3-4 |

| 図 3-5 | 図 3-6 | 図 3-7 | 図 3-8 |

例題 3-1 を作成するにあたり，前準備として，次の例題 3-1-1 をする。

例題 3-1-1　数字の表示

例題 3-1-1　スマホ画面にテンキーのボタンを配置する。そのボタンを押すことにより，数値の表示と数値の入力を可能にするプログラムを作る。ここでは 2 桁までの表示にする。(図 3-1-1，図 3-1-2，図 3-1-3 参照)

図 3-1-1　　　　　　　　図 3-1-2　　　　　　　　図 3-1-3

①スマホ画面にボタン，ラベルの配置

・必要なボタンは 0 から 9 までの数字のボタン 10 個，入力した数を表示させる「enter」ボ
タン，表示した数値を消去するボタン

・入力した数字を表示するラベル「入力」

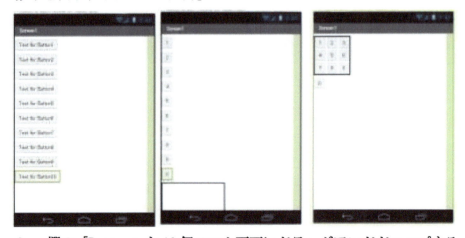

User Interface 欄の「Button」を 10 個スマホ画面にドラッグアンドドロップする。縦長に
なりすぎますので，配置設定するために Layout 欄から「Table Arrangement」をドラッグア
ンドドロップする。列の個数 Column を 3，行の個数 Rows を 3 に指定する。ボタンの文字は
最初は「Text for Button」となっていますので，「1」「2」・・・「9」直し，「Button10」
を Rename ボタンを押して「Button0」に変更して Text も「0」に直す。

　「1」から「9」までのボタンを「Table Arrangement」の中にドラッグアンドドロップするが，上図のように数字が小さく押しにくいので，数字のボタンの大きさを Hight を 50 に，Width を 100 に，Font Size を 30 にする。

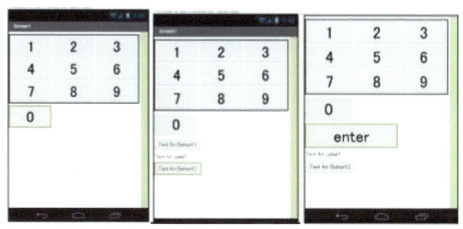

　次に「enter」ボタン，入力表示「Label」，消去ボタンをスマホ画面にドラッグアンドドロップする。「Button11」の文字を Rename ボタンを押して「enter」に Text の内容も同様に変更する。また，「enter」ボタンのフォントサイズ 40 に Hight を 50 に Width を 200 にする。

「0」と「enter」ボタンの配置をよくするために，Layout 欄の「Horizontal Arrangement」を「1」～「9」のボタンの下にド

ラッグアンドドロップする。その中に「0」と「enter」ボタンを入れる。（次図参照）

　入力した数値の表示用「Label1」を Rename ボタンを押して「nyuryoku_hyouji」に変更し，Text も入力に変更する。Font size を 40 にし，消去用「Button12」を Rename ボタンを押して「syoukyo」にし，Text も「消去」に変更する。このボタンの Hight を 50 に Width を 100 に指定する。（次図参照）

画面配置が済んだので Block Editor へ入ります。

変数宣言で osi，keta，variable，variable1，variable2 を定義しています。

ボタン 1 を押してボタン 2 を押した場合の動作を見てみましょう。

ボタン 1 が押されたら，「when Button1 Click」変数 osi を 1 にする。「call hozon」を実行する。「hozon」処理では，最初の if で変数 keta は 0 なので変数 variable に変数 osi の 1 が入ります。次とまた次の if 文は条件を満足しないので，最後の処理で変数 keta に 1 が加えられて 1 となります。

　次にボタン 2 を押した場合，変数 osi は 2 が設定されて，hozon 処理へ行きます。

保存処理では，前の処理で変数 keta は 1 なので，2 番目の if 文を実行する。したがって，変数 variable1 に変数 osi の値 2 が入ります。そして。変数 keta は 1 が加えられて 2 となります。

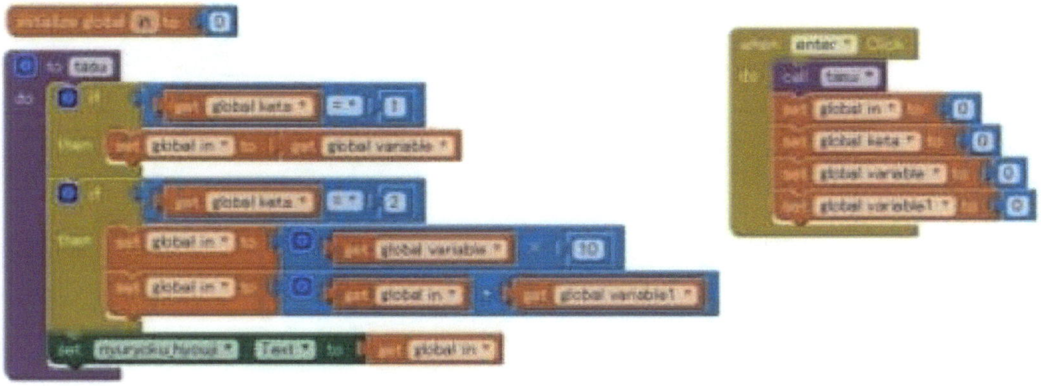

入力した数の表示プログラムを作成する。

入力した数 in の 10 進数の表示は 2 桁目の変数 varaiable と 1 桁目の変数 varaiable1 で表現すれば，次のようになります。

$$in = 10 \times variable + variable1$$

この計算を表現したものが，上図のブロックである。

上図のブロックをトレースする。

「2」のボタンを押して，「1」のボタンを押した場合，

Variable = 2, keta = 2

variable1 = 1, keta = 1

「enter」をクリックすると，「tasu」処理を実行する。表示後は次の数の入力時の誤動作を避けるために変数をクリアする。

「tasu」処理の最初の if 文は keta が 1 なので in＝2 が入ります。

2 番目の if 文は，keta が 2 に等しいならば，

in=variable×10

次の処理は

In = in + variable1

つまり

In = variable × 10 + variable1 = 2×10＋1＝21

となります。

例題 3-1-1 のプログラム

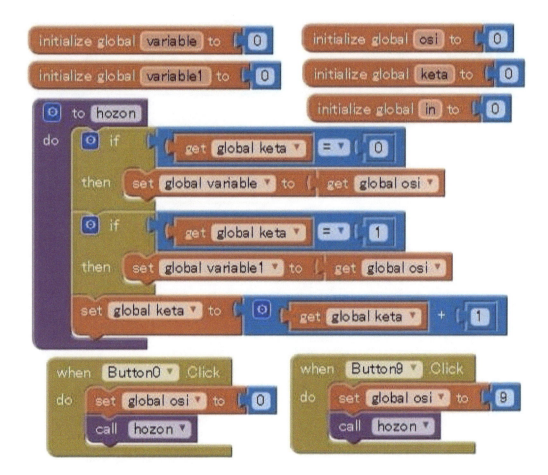

when Button1 .Click
do set global osi to 1
    call hozon

when Button5 .Click
do set global osi to 5
    call hozon

when Button2 .Click
do set global osi to 2
    call hozon

when Button6 .Click
do set global osi to 6
    call hozon

when Button3 .Click
do set global osi to 3
    call hozon

when Button7 .Click
do set global osi to 7
    call hozon

when Button4 .Click
do set global osi to 4
    call hozon

when Button8 .Click
do set global osi to 8
    call hozon

when enter .Click
do call tasu
    set global in to 0
    set global keta to 0
    set global variable to 0
    set global variable1 to 0

when syoukyo .Click
do set global in to 0
    set global keta to 0
    set global variable to 0
    set global variable1 to 0
    set global osi to 0
    set nyuryoku_hyouji . Text to 0

例題 3-1 の本題の作成に入る。

画面配置設定を例題 3-1-1 に追加していく。

　　User Interface 欄の Label をテンキーの数字の上にドラッグアンドドロップし，テキスト
の内容を「次のたしざんに答えてください。」に変更する。Button を同様に User Interface
欄からドラッグアンドドロップし，テキストの内容を「start」にする。

　　Layout 欄から HorizontalArrangement をスマホ画面にドラッグアンドドロップ
し，その中に「start」と「enter」ボタンを配置する。「start」「enter」ボタンの Height
を 50，Width を 100 にする。

　　User Interface 欄の Label を「start」「enter」の下に 5 個ドラッグアンドドロップす
る。名前は Rename ボタンを押して「xLabel」「purasu」「yLabel」「ikouru」に，テキストは
「X」「＋」「Y」「＝」に変更する。

　　Layout 欄から HorizontalArrangement をスマホ画面にドラッグアンドドロップし，その中

56

に「X」「＋」「Y」「＝」ラベルを配置する。入力表示ラベル「Nyuryoku_hyouji」は下からドラッグして「＝」の後ろに入れる。各フォントの大きさは 30 にする。

　　User Interface 欄の Button1 個と Label2 個を入力欄の下にドラッグアンドドロップする。名前は Rename ボタンを押して「saitenButton」「saitenkekka」「ten」に，テキストは「採点」「結果表示」「空欄」に変更する。各フォントの大きさは 30 にする。

　　「Table Arrangement」の行「Row s」を 3 から 4 に変更して 1 行増やして，テンキーの「0」と消去ボタンをドラッグして入れる。

　　User Interface 欄の Label　2 個を「採点　結果表示」の下にドラッグアンドドロップする。名前は Rename ボタンを押して「seikaisu」「mondaisu」に，テキストは「正解数」「問題数」に変更する。

　　　Layout 欄から HorizontalArrangement をスマホ画面にドラッグアンドドロップし，その中に「正解数」「問題数」ラベルを配置する。

　　ブロックッエディターに移って，変数の宣言をする。

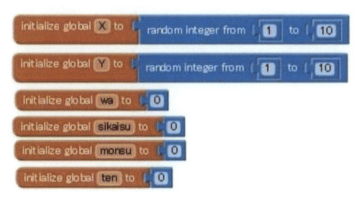

2 つの乱数「X」，「Y」，コンピュータが計算した X と Y の和の変数名 wa，正解数の変数名

seikaisu, 出題された問題数の変数名 monsu, 100 点満点に換算した点数 ten
を宣言して，初期設定しています。

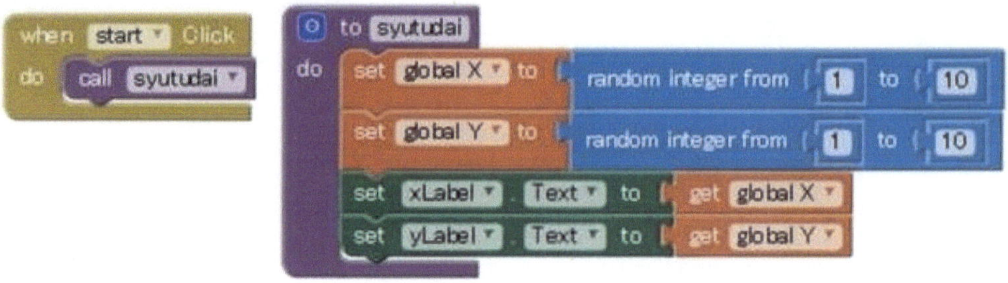

```
when start ▾ Click
do   call syutudai ▾

to syutudai
do   set global X ▾ to    random integer from ( 1  to ( 10
     set global Y ▾ to    random integer from ( 1  to ( 10
     set xLabel ▾ . Text ▾ to   get global X ▾
     set yLabel ▾ . Text ▾ to   get global Y ▾
```

　上図は「start」ボタンをクリックした場合，2 つの乱数 X, Y を発生して表示するプログラムである。

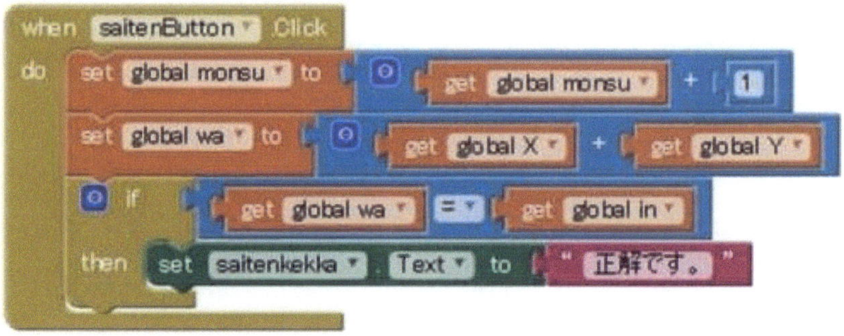

```
when saitenButton ▾ .Click
do   set global monsu ▾ to      get global monsu ▾  + ( 1
     set global wa ▾ to        get global X ▾  +  get global Y ▾
     if    get global wa ▾  = ▾  get global in ▾
     then  set saitenkekka ▾ . Text ▾ to  " 正解です。 "
```

　上図は「採点」ボタンを押した場合の処理である。問題数 monsu を 1 ずつカウントアップ
し, X と Y の和を変数 wa に求めています。

　次の if 文はコンピュータで計算した変数 wa とユーザが入力した変数 in が等しければ
「正解です。」を表示しています。

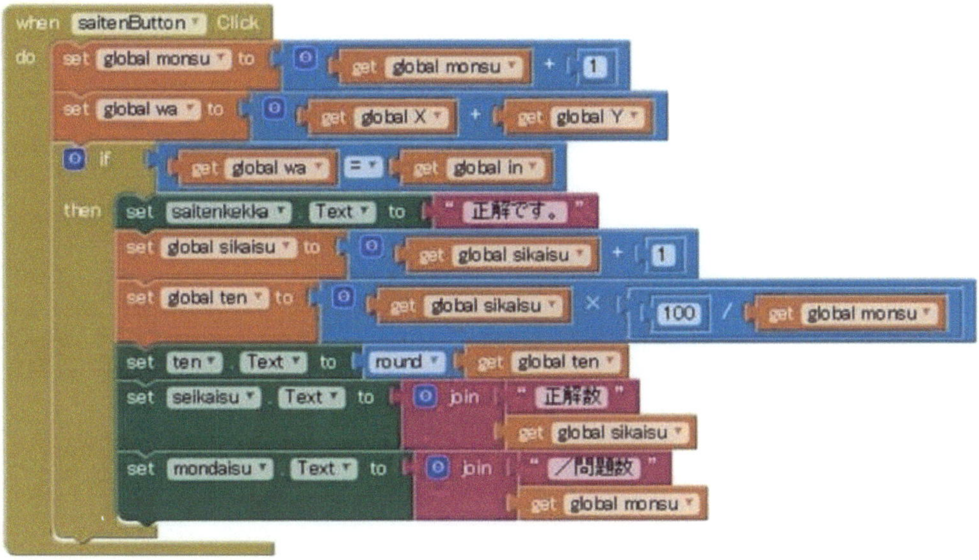

　正解数をカウントアップする命令，100 点満点に換算する点数計算，その点数表示，正解数，問題数の点数表示を「正解です。」表示のブロックの下に入れる。

　上図は，ユーザの入力した答えが違う場合の処理である。「間違いです。」表示を入れて，正解数カウントアップ命令は入れません。それ以外は正解の if 文と同じである。

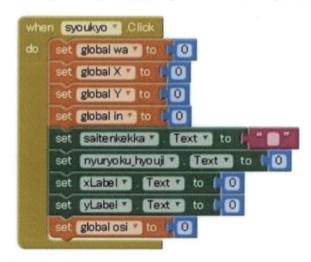

if 文のブロックの下に「in」「keta」の変数の値をクリアする命令を入れる。

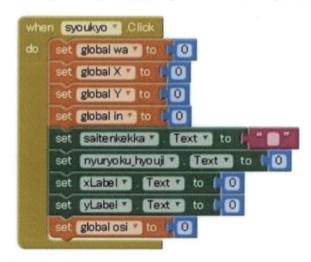

上図は変数名を消去するプログラムである。

　最後に「when enter Click do」ブロックには「call tasu」
処理のみを入れて，クリア処理は入れないでください。

例題 3-1 のプログラム

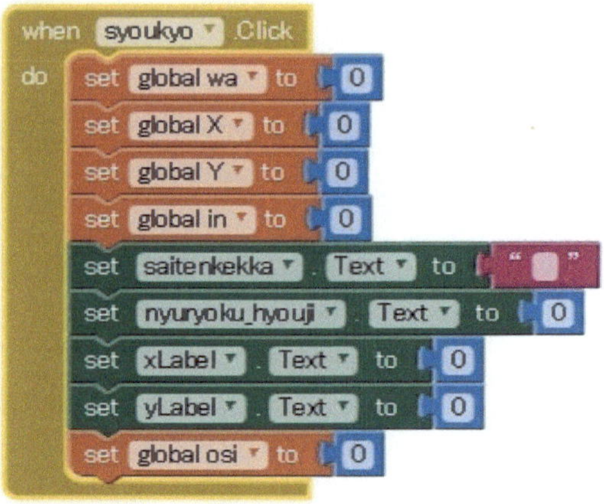
when syoukyo .Click
do
set global wa to 0
set global X to 0
set global Y to 0
set global in to 0
set saitenkekka . Text to " "
set nyuryoku_hyouji . Text to 0
set xLabel . Text to 0
set yLabel . Text to 0
set global osi to 0

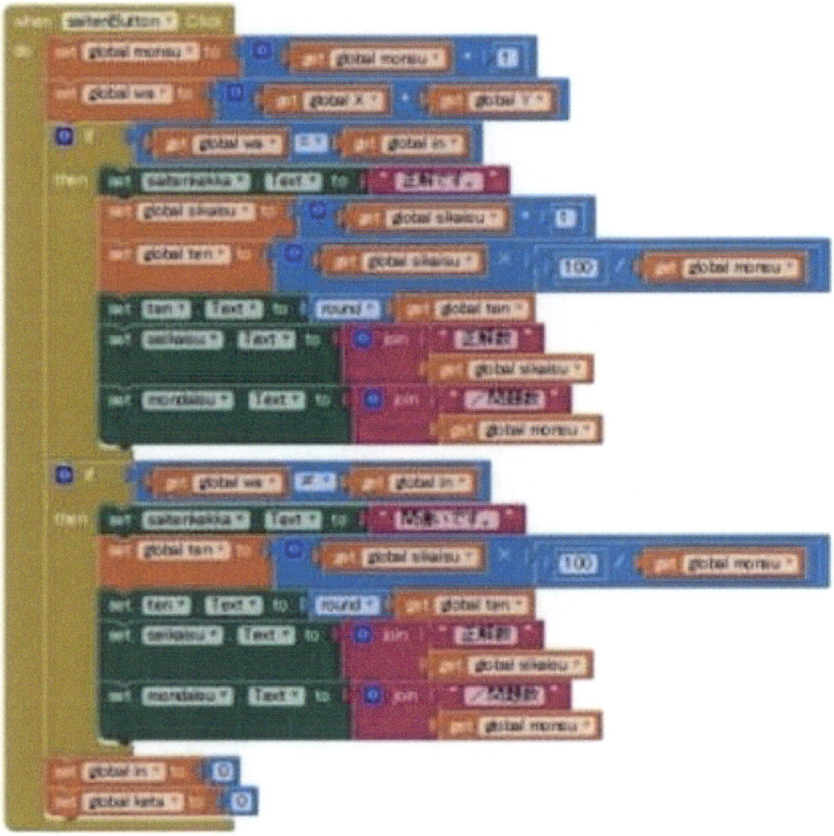

例題 3-2　スマホからの音声メッセージ付き elearnning

> 例題 3-2　例題 3-1 において，出題された問題の採点の正誤メッセージを文字だけでなく，音声でも，正解ならば「正解です！」，誤答ならば「間違いです！」とスマホがしゃべるプログラムにする。

　　Media 欄の中の TextToSpeech を例題 3-1 で作成したスマホ画面にドラッグアンドドロップする。Non visible components 欄に TextToSpeech が配置される。

　　ブロックエディタに移り，Blocks 欄の TextToSpeech を「when saitenButton

Click do」ブロックの中にある if 文のブロックの中の「set saitenkekka Text to "正解です。"」ブロックの下に入れる。ビルトイン欄の Text の " " を「正解です。」を入力する。

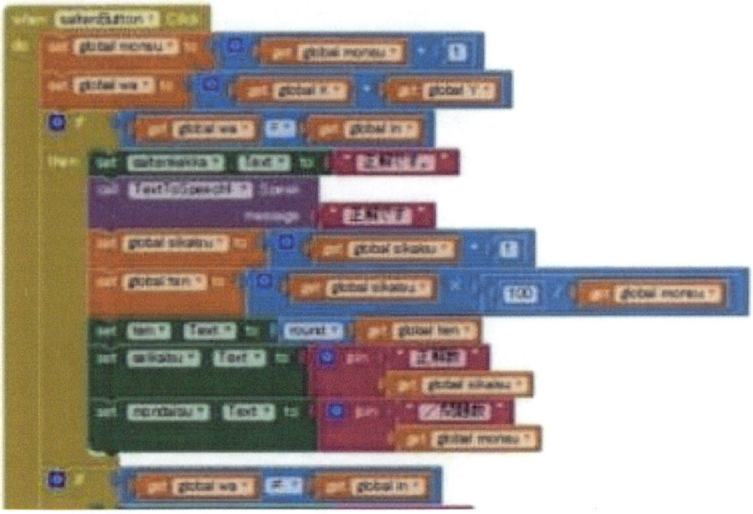

「間違いです。」についての処理は「正解です。」と同様に次図のようにする。

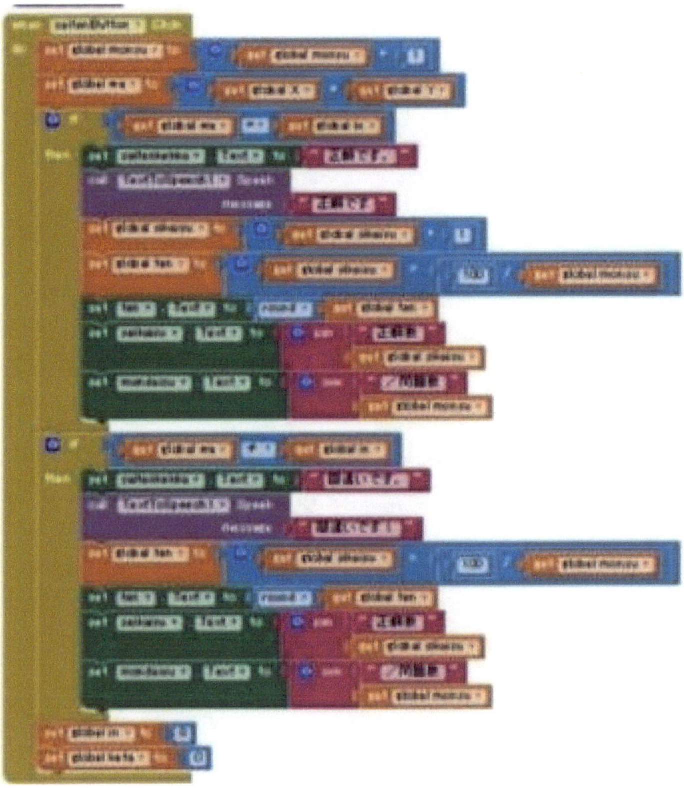

例題 3-3　elearning ソフト引き算練習

例題 3-3　「Start」ボタンを押せば，1桁乱数 x，y を発生して，x－y の引き算を出題する。ただし，引かれる数 x は引く数 y 以上になるようにする。

　答えの入力に対応した正誤メッセージを表示するプログラムを作りましょう。また，採点ボタンを押すことにより，100 点満点に換算（正解数×100／問題数）した点数を表示するとともに正解数と問題数も表示できるようにする。

　操作手順は次の通りである。

　解答の入力は数字のボタンを押した後，「Enter」ボタンを押すことにより数字を表示させた例が図 3-3-3 である。

　「採点」ボタンを押せば，正誤のメッセージが表示される。図 3-3-4 が「正解です。」を表示している例である。

　「消去」ボタンを押せば，出題と答えがすべてクリアされて 0 表示される。図 3-3-5 がその例である。

　「Start」ボタンを押せば，次の問題が乱数で出題される。図 3-3-6 がその例である。

　間違った答えを入力して「Enter」ボタンを押して，入力した数値を表示させた例が図 3-3-7 である。

　「採点」ボタンを押して「間違いです。」を表示させた例が図 3-3-8 である。

図 3-3-1　　　　　図 3-3-2　　　　　図 3-3-3　　　　　図 3-3-4

図 3-3-5

図 3-3-6

図 3-3-7

図 3-3-8

　例題 3-1 のたしざんプログラムを呼び出して引き算用に変更するのが最も簡単で早い方法なので，そのようにしましょう。

　例題 3-1 を呼び出して，「Label1」のテキストの内容「次のたしざんに答えてください。」を「次の引き算に答えてください。」に変更する，

　次に「purasu」を Rename して「mainasu」に変更する。テキストの内容も「＋」を「－」にし変更する。

　「Blocks」をクリックして，ブロックエディタに移ります。

　ビルトイングループの「while test do」のブロックをワークスペースへドラッグアンド
ドロップする。条件等は上図のように配置する。

　上図の処理は，発生した乱数**X**が乱数**Y**より小さい間は，**while do**ループを実行し続け
ますが，そうでなくなったときにループから出ます。

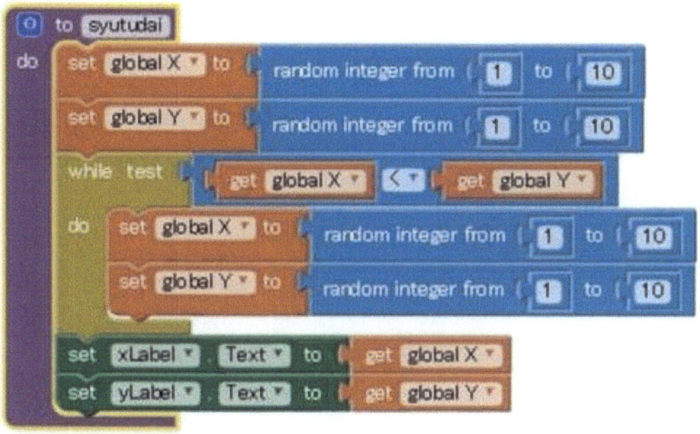

　「while test do」ブロックを例題3−1（たしざんプログラム）の「syutudai do」ブロッ
クの中の「set global Y to random integer from 1 to 10」
　ブロックの下に入れる。

　変数宣言文「initialize global wa to 0」を「initialize global sa to 0」に変更す
る。

　「set global wa to get global X ＋ get global Y」を「set global sa to get global
X − get global Y」に変更する。

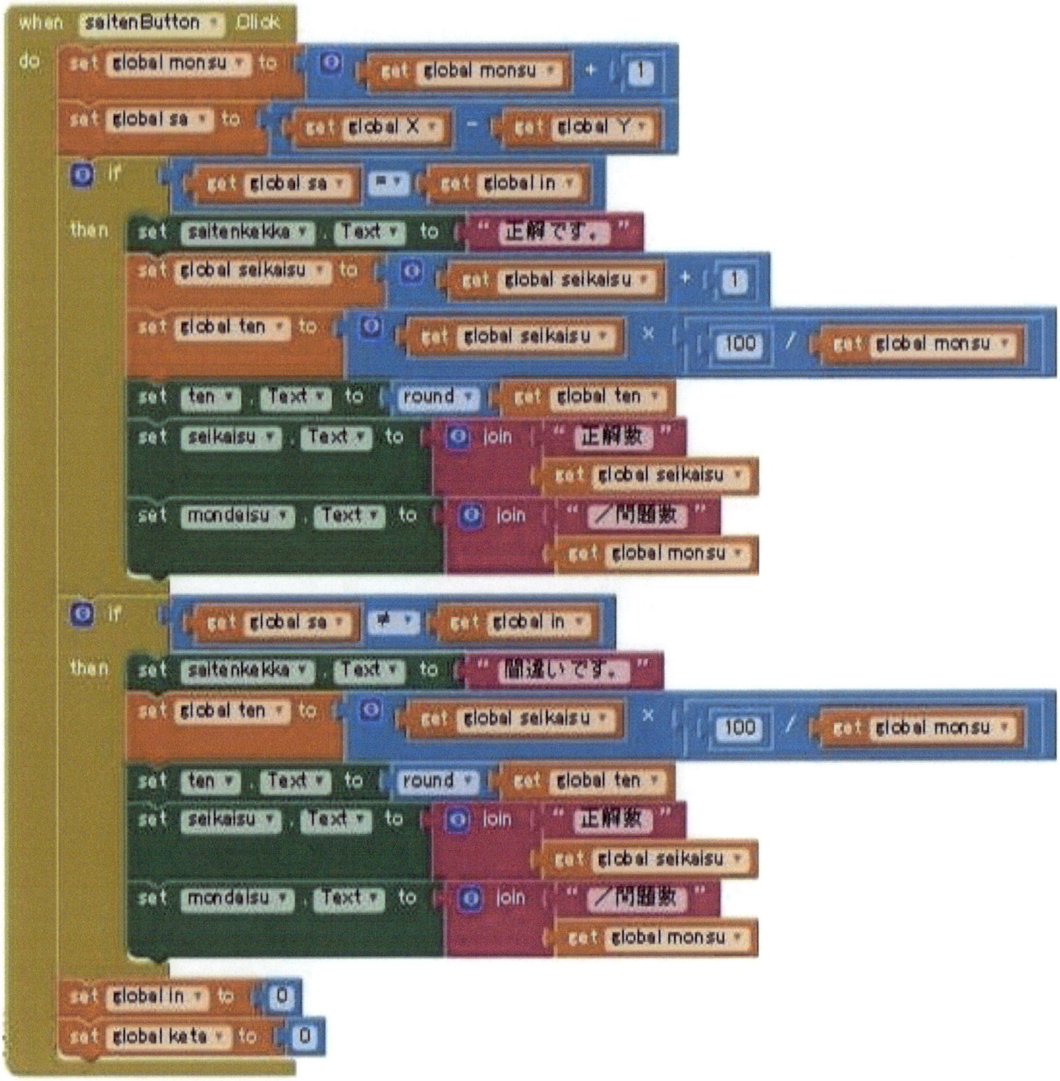
when saitenButton .Click
do set global monsu to get global monsu + 1
set global sa to get global X - get global Y
if get global sa = get global in
then set saitenkekka . Text to "正解です。"
set global seikaisu to get global seikaisu + 1
set global ten to get global seikaisu × 100 / get global monsu
set ten . Text to round get global ten
set seikaisu . Text to join "正解数" get global seikaisu
set mondaisu . Text to join "／問題数" get global monsu
if get global sa ≠ get global in
then set saitenkekka . Text to "間違いです。"
set global ten to get global seikaisu × 100 / get global monsu
set ten . Text to round get global ten
set seikaisu . Text to join "正解数" get global seikaisu
set mondaisu . Text to join "／問題数" get global monsu
set global in to 0
set global keta to 0

例題 3-3　引き算プログラム

```
to syutudai
do  set global X to   random integer from  1  to  10
    set global Y to   random integer from  1  to  10
    while  test  [ get global X  <  get global Y ]
    do   set global X to   random integer from  1  to  10
         set global Y to   random integer from  1  to  10
    set xLabel . Text to   get global X
    set yLabel . Text to   get global Y
```

```
when  syoukyo . Click
do  set global sa to  0
    set global X to  0
    set global Y to  0
    set global in to  0
    set saitenkakka . Text to  " "
    set nyuryoku_hyouji . Text to  0
    set xLabel . Text to  0
    set yLabel . Text to  0
    set global osi to  0
```

```
when  saitenButton . Click
do  set global monsu to  [ get global monsu + 1 ]
    set global sa to  [ get global X - get global Y ]
    if  [ get global sa = get global in ]
    then  set saitenkakka . Text to  " 正解です。 "
          set global seikaisu to  [ get global seikaisu + 1 ]
          set global ten to  [ get global seikaisu × 100 / get global monsu ]
          set ten . Text to  round  get global ten
          set seikaisu . Text to  join  " 正解数 "  get global seikaisu
          set mondaisu . Text to  join  " ／問題数 "  get global monsu
    if  [ get global sa ≠ get global in ]
    then  set saitenkakka . Text to  " 間違いです。 "
          set global ten to  [ get global seikaisu × 100 / get global monsu ]
          set ten . Text to  round  get global ten
          set seikaisu . Text to  join  " 正解数 "  get global seikaisu
          set mondaisu . Text to  join  " ／問題数 "  get global monsu
    set global in to  0
    set global keta to  0
```

70

例題 3-4　eLearning ソフトかけざん練習

例題 3-4　「Start」ボタンを押せば，1桁乱数 x，y を発生して，かけざんを出題する。答えの入力に対応した正誤メッセージを表示するプログラムを作りましょう。また，採点ボタンを押すことにより，100 点満点に換算（正解数×100／問題数）した点数を表示するとともに正解数と問題数も表示できるようにする。操作手順は次の通りである。

　解答の入力は数字のボタンを押した後，「Enter」ボタンを押すことにより数字を表示させた例が図 3-4-3 である。

　「採点」ボタンを押せば，正誤のメッセージが表示される。図 3-4-4 が「正解です。」を表示している例である。

　「消去」ボタンを押せば，出題と答えがすべてクリアされて 0 表示される。図 3-4-5 がその例である。

　「Start」ボタンを押せば，次の問題が乱数で出題される。図 3-4-6 がその例である。

　間違った答えを入力して「Enter」ボタンを押して，数字を表示させた例が図 3-4-7 である。

　「採点」ボタンを押して「間違いです。」を表示させた例が図 3-4-8 である。

　例題 3－3 と同様に例題 3-1 の足し算プログラムを変更して作成した方が効率よくできるのでそのようにしましょう。

  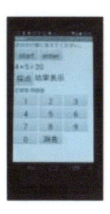 

図 3-4-1　　　　　図 3-4-2　　　　　図 3-4-3　　　　　図 3-4-4

図 3-4-5	図 3-4-6	図 3-4-7	図 3-4-8

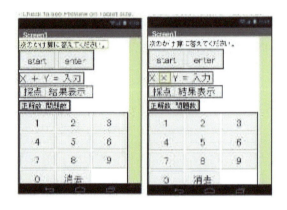

　例題 3−1 を呼び出して，「Label1」のテキストの内容「次のたしざんに答えてください。」を「次のかけ算に答えてください。」に変更する，

　次に「purasu」を Rename して「kakeru」に変更する。テキストの内容も「＋」を「×」にし変更する。

　「Blocks」をクリックして，ブロックエディタに移ります。

　変数宣言文「initialize global wa to 0」を「initialize global seki to 0」に変更する。

72

「set global wa to get global X ＋ get global Y」を「set global seki to get global X × get global Y」に変更する。

例題 3-4　かけざんプログラム

```
when seitenButton . Click
do  set global monsu to ( get global monsu + 1 )
    set global seki to ( get global X × get global Y )
    if ( get global seki = get global in )
    then set seitenkekka . Text to " 正解です。 "
         set global seikaisu to ( get global seikaisu + 1 )
         set global ten to ( get global seikaisu × ( 100 / get global monsu ) )
         set ten . Text to round ( get global ten )
         set seikaisu . Text to join " 正解数 "
                                      get global seikaisu
         set mondaisu . Text to join " ／問題数 "
                                      get global monsu
    if ( get global seki ≠ get global in )
    then set seitenkekka . Text to " 間違いです。 "
         set global ten to ( get global seikaisu × ( 100 / get global monsu ) )
         set ten . Text to round ( get global ten )
         set seikaisu . Text to join " 正解数 "
                                      get global seikaisu
         set mondaisu . Text to join " ／問題数 "
                                      get global monsu
    set global in to 0
    set global keta to 0

when syoukyo . Click
do  set global seki to 0
    set global X to 0
    set global Y to 0
    set global in to 0
    set seitenkekka . Text to " "
    set nyuryoku_hyouji . Text to 0
    set xLabel . Text to 0
    set yLabel . Text to 0
    set global osi to 0
```

例題 3-5　電卓プログラム（2桁表示）

例題 3-5　下図に示すような簡単な足し算ができる電卓を作成する。

7+3 の計算実行操作手順

(1)図 3-5-1 は電卓アプリ起動直後の画面である。入力の値の位置に入力した数値を表示する。結果の位置に足し算を計算した値を表示する。

(2)7+を押した画面が図 3-5-2 である。7 の数値が入力の値の位置に表示されている。

(3)3＝を押した画面が図 3-5-3 である。3 の数値が入力の値の位置に表示されるとともに結果の位置に計算結果 10 が表示される。

(4)「消去」ボタンを押せば，入力の値 3 と結果の値 10 は消されて 0 になる。次の計算を入力することができる。

　　図 3-5-1　　　　　図 3-5-2　　　　　図 3-5-3　　　　　図 3-5-4

例題 3-1-1 の数字の表示プログラムを変更して作成した方が効率がいいのでそのようにする。

　「enter」ボタンを Rename ボタンを押して「purasu」に，テキストの内容も「enter」を「＋」に変更する。次に User Interface 欄の Button をスマホ画面にドラッグアンドドロップする。ボタンの名前を「ikoru」に，テキストの内容も「＝」に変更する。Fontsize を 30，Height を 50，Width を 100 に変更する。

　Components 欄の TableArrangement をクリックし Rows の値を 3 から 4 に変更して 1 行分増やす。HorizontalArrangement を delete ボタンを押して削除する。

　hyouji in のテキストの内容を「入力の値」にし，User Interface 欄の Label をスマホ画面にドラッグアンドドロップする。そのラベルの名前を「kekka」に，テキストの内容を「結果」にする。

　ブロックエディタ画面に移動して，プログラムを作成する。

　上図は和の変数 sum を宣言し，初期設定している。次のブロックは，数値のボタンを押して「＋」ボタンを押したときのプログラムの内容である。

　Screen1 欄の purasu ボタンをクリックして，「when purasu Click do」ループの中に，上図のように「call tasu」処理と「set global sum to get global sum + get global in」ブロックと「set global in to 0」，「set global keta to 0」を入れ

る。

「call tasu」処理は押されたボタンから，桁数 keta，値 in より 10 進数値を算出する処理をしている。

「set global sum to get global sum + get global in」ブロックの意味は

sum = sum + in

の処理をしている。つまり，変数 sum に変数 in の値を加えたものを変数 sum に入れている。

「set global in to 0」の意味は

in=0　という意味で，in の値を 0 にしてクリアしている。

「set global keta to 0」の意味は

keta=0　という意味で，keta の値を 0 にしてクリアしている。

入力した後は，押した数，桁数は 0 にリセットしなければ，次の数を入力するときの誤動作をふせぐためである。

次のブロックは，たす数値のボタンを押して「＝」ボタンを押したときの処理である。

Screen1 欄の ikoru ボタンをクリックして，「when ikoru Click do」ループの中に，上図のように「call tasu」処理と「set global sum to get global sum + get global in」ブロックと「set hyouji_kekka Text to get global sum」を入れる。

「set hyouji_kekka Text to get global sum」は 2 つの数値ボタンを足した計算結果 sum を表示する命令である。

例題 3-5　電卓プログラム

```
initialize global variable to [0]        initialize global sum to [0]           when Button1 . Click
initialize global variable1 to [0]        initialize global osi to [0]           do  set global osi . to [1]
initialize global in to [0]               initialize global keta to [0]              call hozon .

           to hozon                                                               when Button2 . Click
        do     if    get global keta . = . [0]                                    do  set global osi . to [2]
               then  set global variable . to   get global osi .                      call hozon .

               if    get global keta . = . [1]                                    when Button3 . Click
               then  set global variable1 . to   get global osi .                 do  set global osi . to [3]
                                                                                      call hozon .
               set global keta . to     get global keta . + [1]
                                                                                  when Button4 . Click
                                                                                  do  set global osi . to [4]
        when Button5 . Click          when Button7 . Click                           call hozon .
        do  set global osi . to [5]   do  set global osi . to [7]
            call hozon .                  call hozon .                            when Button5 . Click
                                                                                  do  set global osi . to [5]
        when Button0 . Click          when Button8 . Click                           call hozon .
        do  set global osi . to [0]   do  set global osi . to [8]
            call hozon .                  call hozon .                            when Button6 . Click
                                                                                  do  set global osi . to [6]
                                                                                      call hozon .

           to tasu
        do     if    get global keta . = . [1]
               then  set global in . to   get global variable .

               if    get global keta . = . [2]
               then  set global in . to     get global variable . × [10]
                     set global in . to     get global in . + get global variable1 .

               set hyouji_in . Text . to   get global in .
```

```
when purasu ▼ .Click
do  call tasu ▼
    set global sum ▼ to ⊙ get global sum ▼ + get global in ▼
    set global in ▼ to 0
    set global keta ▼ to 0

when ikoru ▼ .Click
do  call tasu ▼
    set global sum ▼ to ⊙ get global sum ▼ + get global in ▼
    set hyouji_kekka ▼ . Text ▼ to get global sum ▼

when syoukyo ▼ .Click
do  set global in ▼ to 0
    set global keta ▼ to 0
    set global sum ▼ to 0
    set hyouji_in ▼ . Text ▼ to 0
    set hyouji_kekka ▼ . Text ▼ to 0
    set global osi ▼ to 0
```

例題 3-6　電卓プログラム（3 桁表示）

例題 3-6　例題 3-5 のプログラムを 3 桁表示できるまで拡張する。

スマホの画面は例題 3-5 と同じである。

222 + 333 ＝ 555 の実行例を次の写真で示す。

81

| 図 3-6-1 | 図 3-6-2 | 図 3-6-3 | 図 3-6-4 |

ブロックエディタ画面にうつる。3回目にボタンを押したとき，入れる変数 variable2 を宣言し，初期設定する。

このブロックを作って，次のように2番目の if 文のブロックの下に入れる。

この「hozon」処理について説明する。

例えば最初に 3 を押したとすると，変数 keta は 0 なので，変数 variable に 3 が入る。次の 2 つの if 文は条件を満足しないので，スルーする。最後の「get global keta to get global keta + 1」のブロックで keta に 1 が入る。

次に 2 を押した場合，keta は 2 番目の if 文を満足するので，「set global variable1 to get global osi」を実行する。よって，variable11 に 2 が入る。次の if 文はパスする。最後の命令「get global keta to get global keta + 1」により，keta に 1 が足されて keta が 2 となる。

次に 1 を押した場合，keta は 2 なので，keta は 3 番目の if 文を満足するので，「set global variable1 to get global osi」を実行する。よって，variable12 に 1 が入る。最初から 2 つの if 文はスルーする。最後の命令「get global keta to

get global keta + 1」により，keta に 1 が足されて keta が 3 となる。

3 桁の数値が入力された場合，変数 keta は 3 となるので，3 桁の数値のボタンが押された場合の処理は，上図のブロックを追加すればよい。このブロックを，

「tasu」処理の中の 2 番目のブロックの下に入れる。

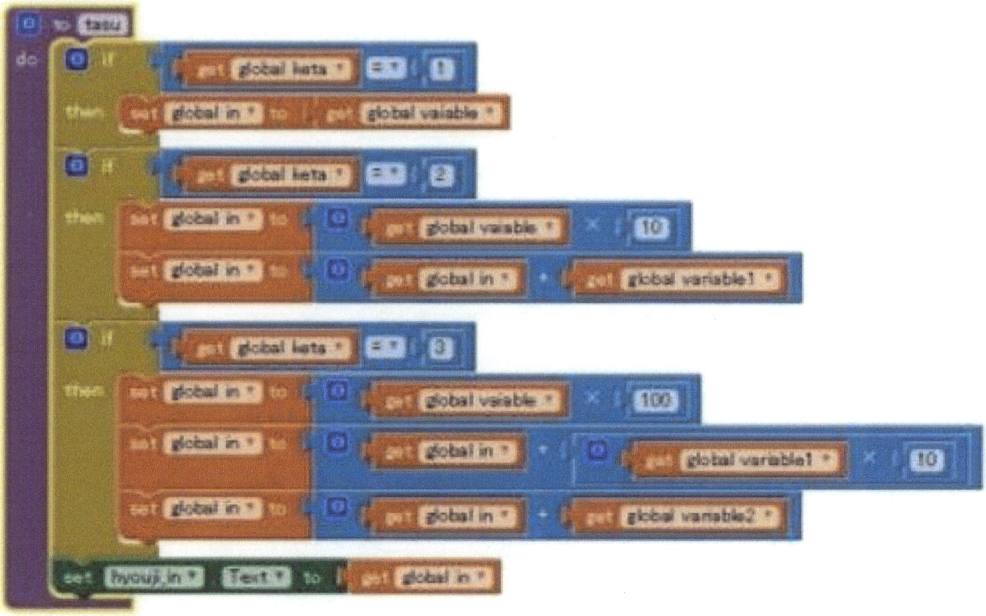

　上図のブロックの内容を説明する。

押されたボタン表示の値を 10 進数にする計算は，次式で表される。

　In = variable × 100 ＋ variable1 × 10 ＋ variable2

　上図のブロックは，この式をプログラムで表している。

例題 3-6　電卓プログラム(3 桁表示)

```
initialize global variable to [ 0 ]
initialize global variable1 to [ 0 ]
initialize global in to [ 0 ]

initialize global sum to [ 0 ]
initialize global osi to [ 0 ]
initialize global keta to [ 0 ]
initialize global variable2 to [ 0 ]

to hozon
do  if   get global keta = 0
    then set global variable to  get global osi
    if   get global keta = 1
    then set global variable1 to  get global osi
    if   get global keta = 2
    then set global variable2 to  get global osi
    set global keta to  get global keta + 1
```

```
when Button1 .Click
do  set global osi to [ 1 ]
    call hozon

when Button2 .Click
do  set global osi to [ 2 ]
    call hozon

when Button3 .Click
do  set global osi to [ 3 ]
    call hozon

when Button4 .Click
do  set global osi to [ 4 ]
    call hozon

when Button5 .Click
do  set global osi to [ 5 ]
    call hozon

when Button6 .Click
do  set global osi to [ 6 ]
    call hozon
```

```
when Button9 .Click
do  set global osi to [ 9 ]
    call hozon

when Button0 .Click
do  set global osi to [ 0 ]
    call hozon

when Button7 .Click
do  set global osi to [ 7 ]
    call hozon

when Button8 .Click
do  set global osi to [ 8 ]
    call hozon
```

```
when purasu .Click
do  call tasu
    set global sum to  get global sum + get global in
    set global in to [ 0 ]
    set global keta to [ 0 ]
```

```
when ikoru ▾ Click
do  call tasu ▾
    set global sum ▾ to  [⚙] ( get global sum ▾ + get global in ▾ )
    set hyouji_kekka ▾ . Text ▾ to  get global sum ▾
```

```
⚙ to tasu
do  if  get global keta ▾ =▾ 1
    then  set global in ▾ to  get global vaiable ▾
    if  get global keta ▾ =▾ 2
    then  set global in ▾ to  ( get global vaiable ▾ × 10 )
          set global in ▾ to  ( get global in ▾ + get global variable1 ▾ )
    if  get global keta ▾ =▾ 3
    then  set global in ▾ to  ( get global vaiable ▾ × 100 )
          set global in ▾ to  ( get global in ▾ + ( get global variable1 ▾ × 10 ) )
          set global in ▾ to  ( get global in ▾ + get global variable2 ▾ )
    set hyouji_in ▾ . Text ▾ to  get global in ▾
```

```
when syoukyo ▾ Click
do  set global in ▾ to 0
    set global keta ▾ to 0
    set global sum ▾ to 0
    set hyouji_in ▾ . Text ▾ to 0
    set hyouji_kekka ▾ . Text ▾ to 0
    set global csi ▾ to 0
```

86

例題 3-7　電卓　引き算と足し算計算

例題 3-7　例題 3-6 の足し算に追加して引き算もできる電卓を作成する。

77-30 の計算実行操作手順

(1)図 3-7-1 は電卓アプリ起動直後の画面である。入力の値の位置に入力した数値を表示する。結果の位置は，この場合引き算を計算した値を表示する。

(2)77+を押した画面が図 3-7-2 である。７７の数値が入力の値の位置に表示されている。

(3)30＝を押した画面が図 3-7-3 である。３０の数値が入力の値の位置に表示されるとともに結果の位置に計算結果 47 が表示される。

(4)「消去」ボタンを押せば，図 3-7-4 のように入力の値 30 と結果の値 47 は消されて 0 になる。次の計算を入力することができる。

次に 57+13 の足し算の確認をする。

(5)57+を押した画面が図 3-7-5 である。57 の数値が入力の値の位置に表示されている。

(6) 13＝を押した画面が図 3-7-6 である。13 の数値が入力の値の位置に表示されるとともに結果の位置に計算結果 70 が表示される。

このプログラムは，例題 3-6 を追加訂正して作成する。

スマホ画面もマイナス「−」ボタンが入るので，TableArrangement3 行 5 列に変更する。マイナス「−」ボタンと「消去」ボタンを TableArrangement の中に入れる。

マイナス「−」ボタンを Rename ボタンを押して「mainasu」とする。

次にブロックエディタ画面に移動する。

図 3-7-1   図 3-7-2   図 3-7-3

図 3-7-4   図 3-7-5   図 3-7-6

88

引き算の計算結果を格納する変数を mainasu とする。足し算の「＋」ボタンを押したの
か，「－」ボタンを押したのかを判定するフラグ変数を flg とする。

上図のブロック「initialize global maisu to 0」と「initialize flg to 0」は

変数 maisu とフラグ変数 flg を宣言し，初期値を 0 に設定している。

今回「＋」を押した場合は flg を 0 に，「－」を押した場合は flg を 1 に設定することに
する。

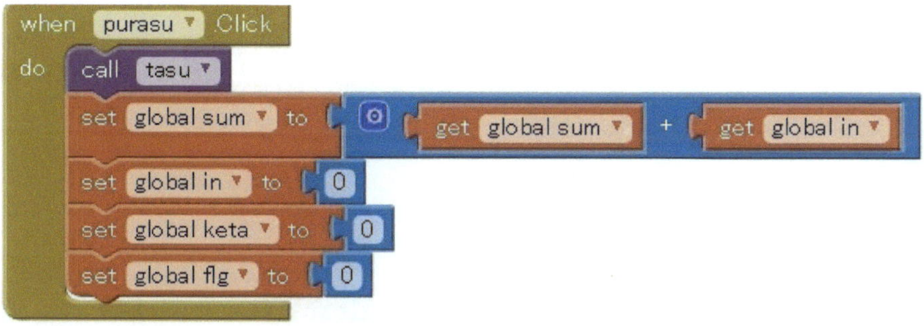

上図は「＋」ボタンが押された時の処理であるが，「set global flg to 0」により flg＝0
に設定している。

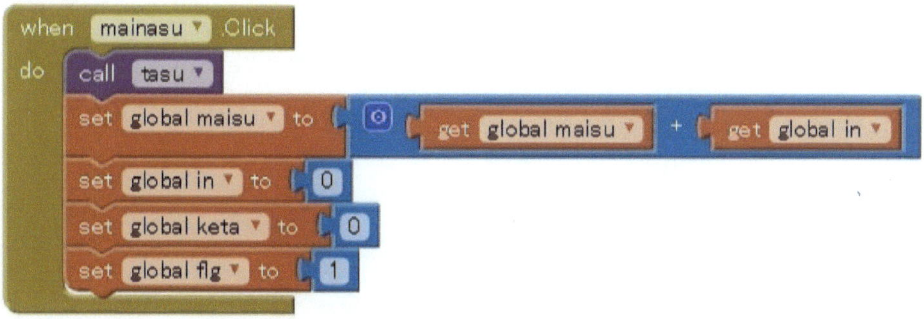

上図は，「－」ボタンを押したときの処理である。

「set global maisu to get global maisu + get global in」のブロックにより

maisu=maisu + in

を計算している。これは，初期設定で maisu が 0 の値に in を加えたものを maisu としてい
る。つまり，maisu に in の値を入れている。

「set global flg to 1」により

　　flg=1

に設定している。

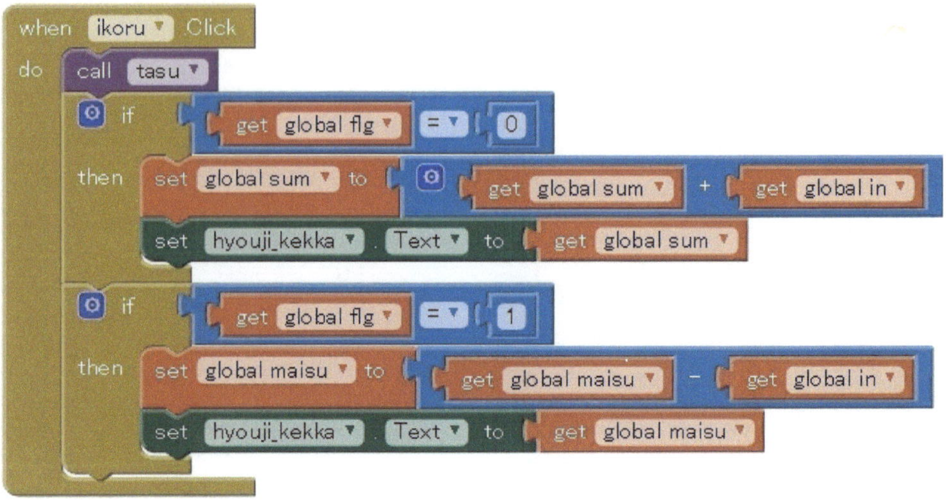

上図は「＝」ボタンを押したときの処理である。

もし flg が 0 に等しいならば，「set global sum to global sum + global in」と

「set hyouji_kekka Text to get global sum」

を実行する。Flg が 0 に等しくないならば，次の処理を実行するという命令である。

VBA プログラムで表現すれば

If flg=0 Then

　　sum = sum + in

　　hyouji_kekka.Caption = sum

End If

したがって，この処理で足し算結果が sum に格納される。

次の if ブロックが引き算処理をしている。

もし flg が 1 に等しいならば，「set global maisu to global maisu - global in」と

「set hyouji_kekka Text to get global maisu」

を実行する。Flg が 1 に等しくないならば，次の処理を実行するという命令である。

VBA プログラムで表現すれば

If flg=1 Then

   maisu = maisu - in

   hyouji_kekka.Caption =maisu

End If

したがって，この処理で引き算結果が maisu に格納されて，スマホ画面に表示される。

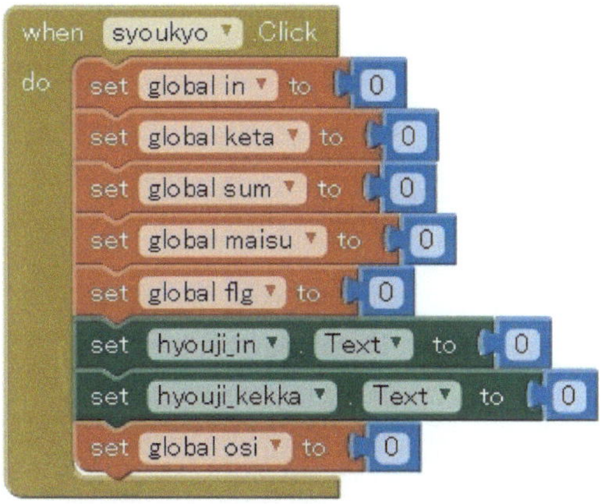

「消去」ボタンを押して，各変数のメモリの内容をクリアしなければ，誤動作して，正しい計算がされないので注意が必要である。

   「消去」ボタンを押した場合

「set global maisu to 0」と「set global flg to 0」を上図のように

「when syoukyo Click do」ブロックの中に入れる。

例題 3-7 のプログラム

```
initialize global maisu to 0
initialize global vaiable to 0
initialize global variable1 to 0
initialize global in to 0

initialize global flg to 0
initialize global sum to 0
initialize global osi to 0
initialize global keta to 0
initialize global variable2 to 0

to hozon
do  if   get global keta  =  0
    then set global vaiable to   get global osi
    if   get global keta  =  1
    then set global variable1 to  get global osi
    if   get global keta  =  2
    then set global variable2 to  get global osi
    set global keta to   get global keta + 1

when Button1 .Click
do set global osi to 1
   call hozon

when Button2 .Click
do set global osi to 2
   call hozon

when Button3 .Click
do set global osi to 3
   call hozon

when Button4 .Click
do set global osi to 4
   call hozon

when Button5 .Click
do set global osi to 5
   call hozon

when Button6 .Click
do set global osi to 6
   call hozon

when Button9 .Click
do set global osi to 9
   call hozon

when Button0 .Click
do set global osi to 0
   call hozon

when Button7 .Click
do set global osi to 7
   call hozon

when Button8 .Click
do set global osi to 8
   call hozon

when purasu .Click
do call tasu
   set global sum to   get global sum + get global in
   set global in to 0
   set global keta to 0
   set global flg to 0
```

```
to tasu
do  if    get global keta ▼ = 1
    then  set global in ▼ to   get global variable ▼

    if    get global keta ▼ = 2
    then  set global in ▼ to    get global variable ▼ × 10
          set global in ▼ to    get global in ▼ + get global variable1 ▼

    if    get global keta ▼ = 3
    then  set global in ▼ to    get global variable ▼ × 100
          set global in ▼ to    get global in ▼ + (get global variable1 ▼ × 10)
          set global in ▼ to    get global in ▼ + get global variable2 ▼

    set hyouji_in ▼ . Text ▼ to   get global in ▼
```

```
when syoukyo ▼ .Click
do  set global in ▼ to 0
    set global keta ▼ to 0
    set global sum ▼ to 0
    set global maisu ▼ to 0
    set global flg ▼ to 0
    set hyouji_in ▼ . Text ▼ to 0
    set hyouji_kekka ▼ . Text ▼ to 0
    set global osi ▼ to 0
```

```
when mainasu ▼ .Click
do  call tasu ▼
    set global maisu ▼ to   get global maisu ▼ - get global in ▼
    set global in ▼ to 0
    set global keta ▼ to 0
    set global flg ▼ to 1
```

例題 3-8　電卓　かけ算・引き算・足し算計算

例題 3-8　例題 3-7 の足し算，引き算に追加してかけ算もできる電卓を作成する。

123×2 の計算実行操作手順

　(1)図 3-8-1 は電卓アプリ起動直後の画面である。入力の値の位置に入力した数値を表示する。結果の位置は，この場合かけ算を計算した値を表示する。

　(2)123×を押した画面が図 3-8-2 である。123 の数値が入力の値の位置に表示されている。

　(3)2＝を押した画面が図 3-8-3 である。2 の数値が入力の値の位置に表示されるとともに結果の位置に計算結果 256 が表示される。

　(4)「消去」ボタンを押せば，図 3-8-4 のように入力の値 2 と結果の値 256 は消されて 0 になる。次の計算を入力することができる。

次に 256 － 56 の引き算の確認をする。

　(5)256 －を押した画面が図 3-8-5 である。256 の数値が入力の値の位置に表示されている。

　(6) 56＝を押した画面が図 3-8-6 である。56 の数値が入力の値の位置に表示されるとともに結果の位置に計算結果 200 が表示される。

次に 333 ＋ 111 の足し算の確認をする。

　(7)333 ＋を押した画面が図 3-8-7 である。333 の数値が入力の値の位置に表示されている。

　(8) 111 ＝を押した画面が図 3-8-8 である。111 の数値が入力の値の位置に表示されるとと

もに結果の位置に計算結果 444 が表示される。

図 3-8-1　　　　　図 3-8-2　　　　　図 3-8-3　　　　　図 3-8-4

図 3-8-5　　　　　図 3-8-6　　　　　図 3-8-7　　　　　図 3-8-8

このプログラムは，例題 3-7 を追加訂正して作成する。

スマホ画面のかける「×」ボタンと「消去」ボタンを TableArrangement3 行 5 列の中に入れる。

　かける「×」ボタンは Rename ボタンを押して「kakeru」とする。

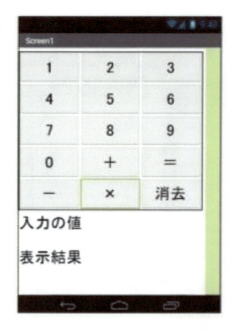

つまり，左図のようにボタンを配置する。

次にブロックエディタ画面に移動する。

initialize global kakesu to 0

かけ算の計算結果を格納する変数を kakesu とする。このブロックは kakesu を宣言し，初期設定をしている。

```
when kakeru Click
do  call tasu
    set global kakesu to ( get global kakesu + get global in )
    set global in to 0
    set global keta to 0
    set global flg to 2
```

上図は，「×」ボタンを押したときの処理である。

「set global kakesu to get global kakesu + get global in」のブロックにより

kakesu = kakesu + in

96

を計算している。つまり, kakesu に in の値を設定している。

「set global flg to 1」により

　　flg＝2

に設定している。

上図のブロックは「×」ボタンを押したあと,「＝」ボタンを押した場合の分岐処理である。つまり, flg の値は2となっている。

　もし flg が2に等しいならば,

「set global kakesu to global kakesu × global in」と

「set hyouji_kekka Text to get global maisu」

を実行する。

　Flg が1に等しくないならば, 次の処理を実行するという命令である。

VBA プログラムで表現すれば

If flg＝2 Then

　　kakesu = kakesu * in

　　hyouji_kekka.Caption =kakesu

End If

　このブロックを「when ikoru Click do」ブロックの中の, 2番目の if 文の後に入れる。

97

```
when  ikoru ▼  Click
do   call  tasu ▼
     ⚙ if        get global flg ▼  = ▼  0
     then  set global sum ▼ to    ⚙   get global sum ▼  +  get global in ▼
           set hyouji_kekka ▼ . Text ▼ to   get global sum ▼
     ⚙ if        get global flg ▼  = ▼  1
     then  set global maisu ▼ to       get global maisu ▼  -  get global in ▼
           set hyouji_kekka ▼ . Text ▼ to   get global maisu ▼
     ⚙ if        get global flg ▼  = ▼  2
     then  set global kakesu ▼ to    ⚙   get global kakesu ▼  ×  get global in ▼
           set hyouji_kekka ▼ . Text ▼ to   get global kakesu ▼
```

```
when  syoukyo ▼  .Click
do   set global in ▼ to    0
     set global keta ▼ to    0
     set global sum ▼ to    0
     set global maisu ▼ to    0
     set global kakesu ▼ to    0
     set global flg ▼ to    0
     set hyouji_in ▼ . Text ▼ to    0
     set hyouji_kekka ▼ . Text ▼ to    0
     set global osi ▼ to    0
```

「消去」ボタンを押して，各変数のメモリの内容をクリアしなければ，誤動作して，正しい計算がされないので注意が必要である。

　「消去」ボタンを押した場合

「set global kakesu to 0」を上図のように「when syoukyo Click do」ブロックの中に入れる。

例題3-8のプログラム

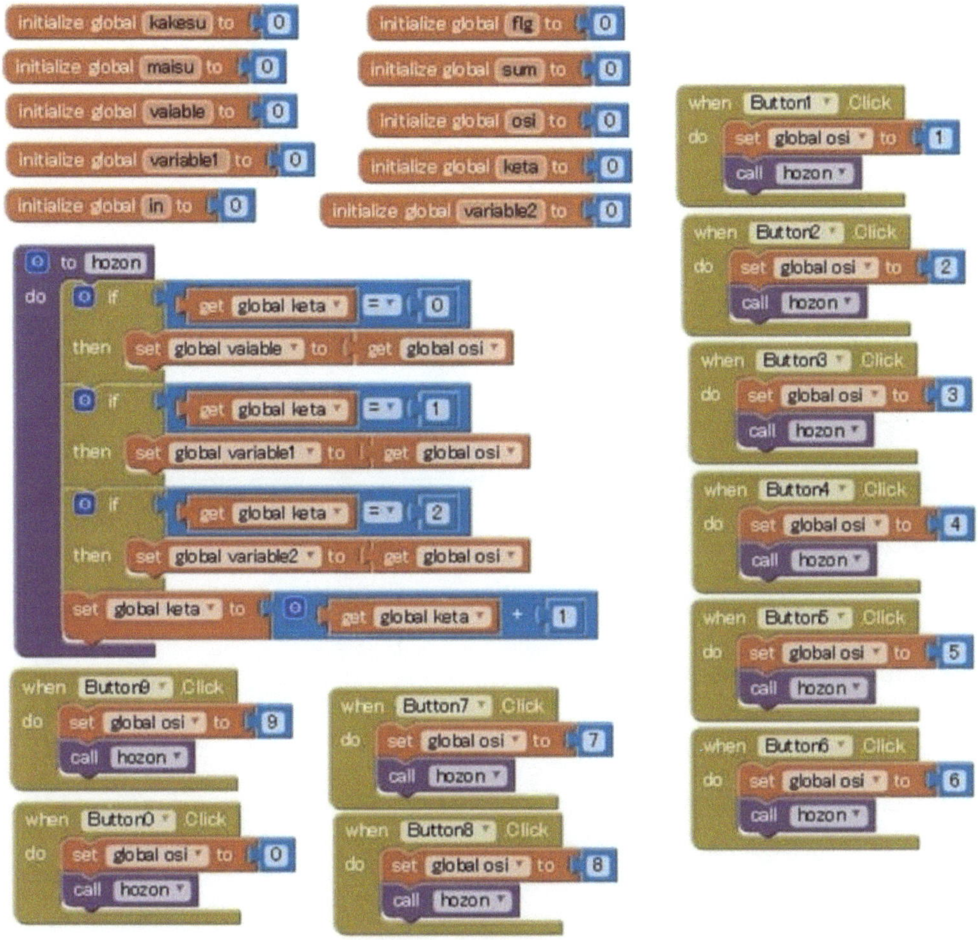

```
when  purasu ▼ .Click
do    call  tasu ▼
      set  global sum ▼  to      ⊙  get  global sum ▼  +  get  global in ▼
      set  global in ▼  to   0
      set  global keta ▼  to   0
      set  global flg ▼  to   0
```

```
⊙ to  tasu
do    ⊙ if      get  global keta ▼   = ▼   1
      then  set  global in ▼  to    get  global vaiable ▼

      ⊙ if      get  global keta ▼   = ▼   2
      then  set  global in ▼  to    ⊙  get  global vaiable ▼  ×  10
            set  global in ▼  to    ⊙  get  global in ▼  +  get  global variable1 ▼

      ⊙ if      get  global keta ▼   = ▼   3
      then  set  global in ▼  to    ⊙  get  global vaiable ▼  ×  100
            set  global in ▼  to    ⊙  get  global in ▼  +   ⊙  get  global variable1 ▼  ×  10
            set  global in ▼  to    ⊙  get  global in ▼  +  get  global variable2 ▼

      set  hyouji_in ▼ . Text ▼  to    get  global in ▼
```

```
when  mainasu ▼ .Click
do    call  tasu ▼
      set  global maisu ▼  to      ⊙  get  global maisu ▼  +  get  global in ▼
      set  global in ▼  to   0
      set  global keta ▼  to   0
      set  global flg ▼  to   1
```

```
when kakeru .Click
do   call tasu
     set global kakesu to ⊖ ( get global kakesu + get global in )
     set global in to 0
     set global keta to 0
     set global flg to 2

when ikoru .Click
do   call tasu
     if   get global flg = 0
     then set global sum to ⊖ ( get global sum + get global in )
          set hyouji_kekka . Text to get global sum
     if   get global flg = 1
     then set global maisu to ( get global maisu - get global in )
          set hyouji_kekka . Text to get global maisu
     if   get global flg = 2
     then set global kakesu to ⊖ ( get global kakesu × get global in )
          set hyouji_kekka . Text to get global kakesu

when syoukyo .Click
do   set global in to 0
     set global keta to 0
     set global sum to 0
     set global maisu to 0
     set global kakesu to 0
     set global flg to 0
     set hyouji_in . Text to 0
     set hyouji_kekka . Text to 0
     set global osi to 0
```

第3章 演習問題

演習問題 3-1　elearning ソフト割り算練習

　「Start」ボタンを押せば，1桁乱数 x，y を発生して，わりざんを出題する。答えの入力に対応した正誤メッセージを表示するプログラムを作る。

ただし，必ず割り切れる数を出題する，割られる数は2桁とし，割る数は1桁とする。以下条件は例題 3-1 と同様にする。

　また，採点ボタンを押すことにより，100点満点に換算（正解数×100／問題数）した点数を表示するとともに正解数と問題数も表示できるようにする。

操作手順は次の通りである。

　解答の入力は数字のボタンを押した後，「Enter」ボタンを押すことにより数字を表示させた例が演習 3-1-3 である。

　「採点」ボタンを押せば，正誤のメッセージが表示される。演習 3-1-4 が「正解である。」を表示している例である。

　「消去」ボタンを押せば，出題と答えがすべてクリアされて 0 表示される。演習 3-1-5 がその例である。

　「Start」ボタンを押せば，次の問題が乱数で出題される。演習 3-1-6 がその例である。

　間違った答えを入力して「Enter」ボタンを押して，数字を表示させた例が演習 3-1-7 である。

　「採点」ボタンを押して「間違いである。」を表示させた例が演習 3-1-8 である。

| 演習 3-1-1 | 演習 3-1-2 | 演習 3-1-3 | 演習 3-1-4 |

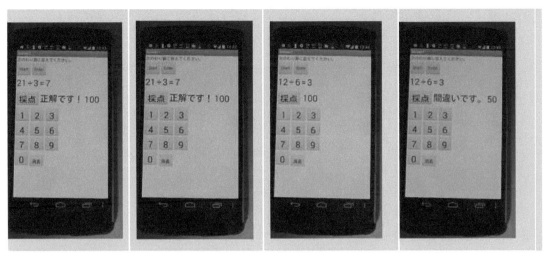

| 演習 3-1-5 | 演習 3-1-6 | 演習 3-1-7 | 演習 3-1-8 |

演習問題 3-2　割り算・かけ算・引き算・足し算のできる電卓

演習問題 3-2　例題 3-8 の足し算，引き算，かけ算に追加してわり算もできる電卓を作成する。

10÷3 の計算実行操作手順

　(1)演習 3-2-1 は電卓アプリ起動直後の画面である。入力の値の位置に入力した数値を表示する。結果の位置は，この場合かけ算を計算した値を表示する。

　(2)10÷を押した画面が演習 3-2-2 である。10 の数値が入力の値の位置に表示されている。

　(3)3＝を押した画面が演習 3-2-3 である。3 の数値が入力の値の位置に表示されるとともに結果の位置に計算結果 3.33333 が表示される。

　(4)「消去」ボタンを押せば，演習 3-2-4 のように入力の値 3 と結果の値 3.3333 は消されて 0 になる。次の計算を入力することができる。

次に 222+333 のたし算の確認をする。

　(5)222+を押した画面が演習 3-2-5 である。222 の数値が入力の値の位置に表示されている。

　(6)　333＝を押した画面が演習 3-2-6 である。333 の数値が入力の値の位置に表示されるとともに結果の位置に計算結果 555 が表示される。

次に 255-7 の引き算の確認をする。

(7) 255-を押した画面が演習 3-2-7 である。255 の数値が入力の値の位置に表示されている。

(8) 7＝を押した画面が演習 3-2-8 である。7 の数値が入力の値の位置に表示されるとともに結果の位置に計算結果 248 が表示される。

次に 64×4 のかけ算の確認をする。

(9) 64×を押した画面が演習 3-2-9 である。64 の数値が入力の値の位置に表示されている。

(10) 4＝を押した画面が演習 3-2-10 である。4 の数値が入力の値の位置に表示されるとともに結果の位置に計算結果 256 が表示される。

| 演習 3-2-1 | 演習 3-2-2 | 演習 3-2-3 | 演習 3-2-4 |

| 演習 3-2-5 | 演習 3-2-6 | 演習 3-2-7 | 演習 3-2-8 |

演習 3-2-9   演習 3-2-10

演習問題 3-3　10 問出題して評価のでる elearning ソフトかけざん練習

　例題 3-4 のかけ算練習プログラムの出題を 10 問にして，10 問終了後に

80 点以上とれば，「大変よくできました」

60 点以上 80 点未満であれば，「よくできました」

60 点未満であれば，「もう少し頑張りましょう」

というメッセージを音声で出力する。

　「リセット」ボタンを押せば，すべてクリアしてまた，「start」ボタンを押せば

最初から出題がだされるプログラムを作る。

　実行手順を「start→答え入力→enter→採点→消去」も表示する。

ボタンの配置も次図のようにする。

「Start」ボタンを押せば，1 桁乱数 x，y を発生して，かけざんを出題する。答えの入力に

対応した正誤メッセージを表示するプログラムを作る。

操作手順は次図の演習 3-3-1 から演習 3-3-8 は例題 3－4 とほぼ同じで次の通りである。

　図の演習 3-3-9 は 10 問終了した画面であり，90 点とれているので，「大変よくできまし

た」というメッセージが音声で出ている。

　図の演習 3-3-10 は「リセット」ボタンを押した画面であり，すべて 0 にクリアされて，0

表示している。

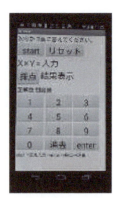
演習 3-3-1

演習 3-3-2

演習 3-3-3

演習 3-3-4

演習 3-3-5

演習 3-3-6

演習 3-3-7

演習 3-3-8

演習 3-3-9

演習 3-3-10

第4章　ゲーム

例題 4-1　モグラたたきゲーム

例題 4-1　スマホ画面内を 0.5 秒おきに，ランダムに移動するモグラにタッチする
ゲームを作る。時間設定を 60 秒とし，その間にモグラにタッチできれば，タッチ
するごとに 10 点増えて，スマホが「あたり」としゃべり，震えるようにする。次
図の図 4-1-1 は開始してからの画面で，図 4-1-2 は得点が入っている画面で，図
4-1-3 は残り時間が 0 で停止した画面である。

図 4-1-1　　　　　　　　図 4-1-2　　　　　　　　図 4-1-3

スマホ画面の設定

　Drawing and Animation 欄にある Canvas をスマホ画面にドラッグアンドドロップする。こ
のプロパティの Width を 300 に，Height も 300 に設定する。Canvas 名を Rename ボタンを押
して「idouCanvas」とする。Components 欄の下にある Media 欄の下の Upload File をクリッ
クして，作成しているモグラの画像ファイルをアップロードする。

Drawing and Animation 欄にある ImageSprite をスマホ画面にドラッグアンドドロップする。「Rename」ボタンを押して ImageSprite を moguraSprite に変更する。

プロパティ欄の Picture 欄でアップロードしたモグラのフィル mogura50t.png を選択する。それにより，モグラの画像がスマホ画面に現れる。上図の完成図で各部品をどこから取得するのか表 4-1 にリストを掲載する。

表 4-1　例題 4-1 のモグラたたきゲームのデザイナ部品リスト

グループ	部品名	Components 名	プロパティ名	プロパティ値
Drawing and Animation	Canvas	idoucanvas		
	ImageSprite	moguraSprite	Picture	Mogura50t.png
User Interface	Button	riset	Text	リセット
Sensors	Clock	timer	TimeInterval	500
Media	Sound	action		
	TextToSpeech	TextToSpeech1		
HorizontalArrangement1 の中				
" User Interface	Label	ten	Text	得点
	Label	nokori	Text	残り時間
	Label	time	Text	60
	Label	byou	Text	秒

ブロックエディタ画面に「Blocks」ボタンをクリックして移動する。

上図のブロックは，得点を記録する変数 tokuten を宣言し初期値を0に設定している。

何回もよく使用されるブロックの固まりは，プロシージャとして定義すると，プログラムが短くなるだけでなく，プログラムの修正などが簡単にできる。

スマホ画面の中に，ランダムにモグラが出現するプロシージャ idoumogura を作成する。

Blocks	Viewer	部品名	設定値
Built in	Procedures	to idoumogura do	—
idouCanvas	Set moguraSprite X to		
	Set moguraSprite Y to		

上図のプロシージャの「set moguraSprite x to random fraction × idouCanvas1 Width - moguraSprite1 Width」

X方向のモグラの発生位置は，スマホキャンバス画面の横幅からモグラの横幅を
引いた中でランダムに発生するという意味である。

$$0 \leqq random\ \ fraction < 1$$

$0 \leqq random\ fraction \times idouCanvas1\ Width - moguraSprite1\ Width < 300-$モグラの幅
Y方向についても同様に，スマホキャンバス画面の縦幅からモグラの高さを
引いた中でランダムに発生するという意味である。

得点を更新するプロシージャを作る。

得点の更新は多くの場所で使用するので，プロシージャにしておくと，効率がいい。

　モグラをタッチした時のブロックを下図に示す。

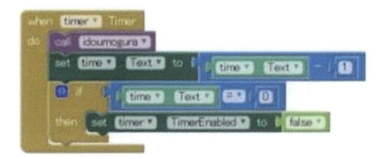

「set global tokuten to get global tokuten + 10」はモグラにタッチした時に 10 点加算している。これを VBA で表現すると

tokuten = tokuten + 10

「call action Vibrate milisecs 10」は，モグラにタッチすれば 100 ミリ秒スマホを振動させる命令である。

「call TextToSpeech1 Speak message "あたり"」は，モグラにタッチした時にスマホが「あたり」としゃべる命令である。

「call update_tokuten」で，得点の表示を更新している。

「call idoumogura」でスマホ画面にランダムにモグラを出現させている。

　次のブロックは，一定時間間隔でイベントを起こす命令である。

110

「when timer Timer do」はデザイン画面で「timer」のプロパティ欄の Time Interval を 500 に設定しているので，0.5 秒間隔でイベントが発生する。

ここでは，このブロックの中に「call idoumogura」が入っているので，0.5 秒おきにモグラが移動する。

「set time Text to time Text - 1」は，モグラが移動するごとに 60 から 1 を引いている。VBA で表現すると

    time = time - 1

となる。

次の if 文　「if time text = 0 then set timer TimerEnabled to false」は

「もしも　time Text = 0　ならば，timer 動作を停止する。」ことを意味する。

VBA で表現すると「set time Text to　「set time Text to

If time =0 then

　　タイマーを停止する。（この命令は VBA にはない。）

End If

次のブロック図は，「リセット」ボタンを押したときの処理である。

「set　global　tokuten　to　0」は変数 tokuten を 0 にしてクリアしている。

「call　update_tokuten」で更新された得点を表示している。

「set time Text to　60」は time Text を 60 に設定している。

「set timer TimerEnabled to true」は，タイマーを起動する命令である。

例題 4-1　モグラたたきゲームプログラム全体

```
initialize global [tokuten] to [ 0 ]
```

```
to idoumogura
do  set moguraSprite . X . to   random fraction × ( idouCanvas . Width . − moguraSprite . Width . )
    set moguraSprite . Y . to   random fraction × ( idouCanvas . Height . − moguraSprite . Height . )
```

```
to update_tokuten
do  set [ten] . [Text] . to  join [ "得点" ]
                                   get global tokuten
```

```
when moguraSprite . Touched
  x  y
do  set global tokuten to   get global tokuten + 10
    call action . Vibrate
              millisecs [ 100 ]
    call TextToSpeech1 . Speak
              message [ "あたり" ]
    call update_tokuten
    call idoumogura
```

```
when timer . Timer
do  call idoumogura
    set [time] . [Text] . to  [time] . [Text] . − 1
    if  [time] . [Text] . = 0
    then  set timer . TimerEnabled to false
```

```
when riset . Click
do  set global tokuten to 0
    call update_tokuten
    set [time] . [Text] . to [ 60 ]
    set timer . TimerEnabled to true
```

例題 4-2　モグラたたきふーちゃんはだめよ

例題 4-2　例題 4-1 のモグラと子猫ふーちゃんがランダムにスマホ画面に現れ，モグラにタッチした時に，「あたり」とスマホがしゃべるとともに画面の状況欄にも「あたり」と表示されて 10 点加点される。子猫ふーちゃんにタッチすれば「だめ！」としゃべるとともに画面の状況欄に「ダメ」と表示されて，10 点減点されるゲームを作る。次図 4-2-1 はモグラにタッチした時の「あたり」表示がある画面である。図 4-2-2 は子猫ふーちゃんにタッチした時の「ダメ」表示がある画面である。図 4-2-3 は残り時間が 0 秒となって，ゲームが終了した時の画面である。

図 4-2-1　　　　　　　　図 4-2-2　　　　　　　　図 4-2-3

　このアプリは，例題 4-1 を追加訂正して作る。

表 4-2 にデザイナー部品リストを掲載する。追加部分に色を付けている。

表4-2　例題4-2のモグラたたきゲームのデザイナ部品リスト

グループ	部品名	Components名	プロパティ名	プロパティ値
Drawing and Animation	Canvas	idoucanvas		
	ImageSprite	moguraSprite	Picture	Mogura50t.png
	ImageSprite	fucyanSprite	Picture	fucyant.png
User Interface	Button	riset	Text	リセット
Sensors	Clock	timer	TimeInterval	500
Media	Sound	action		
	TextToSpeech	TextToSpeech1		
HorizontalArrangement1 の中				
User Interface	Label	ten	Text	得点
	Label	no Kori	Text	残り時間
	Label	time	Text	60
	Label	byou	Text	秒
	Label	jyoukyou	Text	状況
	Label	status	Text	空欄

この部品リストをもとに図4-2-4のスマホの Viewer 画面を作ってください。

　ブロックエディタ画面に移る。

　次のブロックは，子猫ふーちゃんがスマホ画面にランダムに出現するものである。

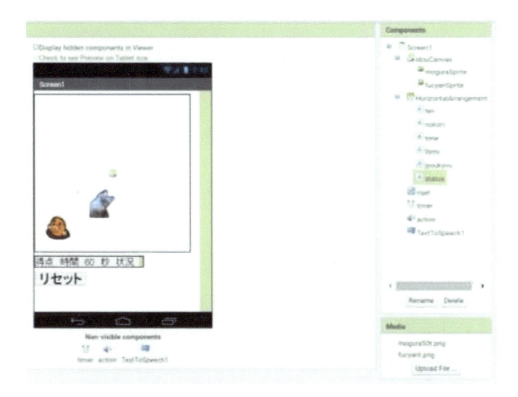

図 4-2-4

上図のブロックは，子猫ふーちゃんにタッチした場合の処理である。

「set global tokuten to get global tokuten − 10」は子猫ふーちゃんにタッチした時に10点減算している。これを VBA で表現すると

　tokuten = tokuten − 10

「call action Vibrate milisecs 100」は，子猫ふーちゃんにタッチすれば100ミリ秒スマホを振動させる命令である。

「set status Text to "ダメ"」は，状況欄の横の status ラベルに「ダメ」と表示する。

「call TextToSpeech1 Speak message "だめ"」は，子猫ふーちゃんにタッチした時にスマホが「だめ」としゃべる命令である。

「call update_tokuten」で，得点の表示を更新している。

「call idoufucyan」でスマホ画面にランダムに子猫ふーちゃんを出現させている。

　次図のブロックはモグラにタッチした時の処理であるが，例題 4-1 に「あたり」を

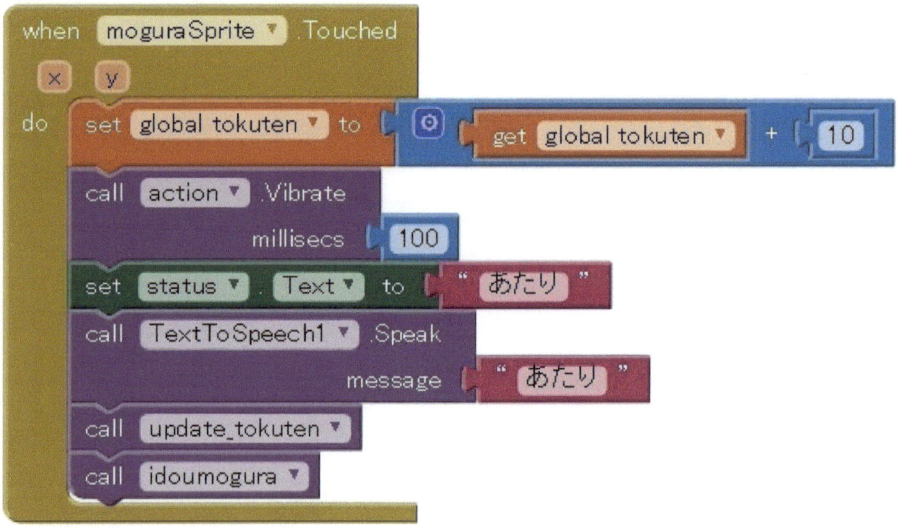

表示するという命令を追加している。その命令のブロックは

である。

次のブロックは，一定時間間隔でイベントを起こす命令である。

「when timer Timer do」はデザイン画面で「timer」のプロパティ欄の Time Interval を 500 に設定しているので，0.5 秒間隔でイベントが発生する。

ここでは，このブロックの中に「call idoumogura」が入っているので，0.5 秒おきにモグラが移動する。

さらに「call idoufucyan」のブロックをその下に入れて，子猫ふーちゃんも 0.5 秒おきにランダムに移動させる。

例題 4-2　モグラたたきふーちゃんはだめよの全体のプログラム

```
when  timer ▼ .Timer
do    call  idoumogura ▼
      call  idoufucyan ▼
      set  time ▼ . Text ▼  to  [ time ▼ . Text ▼  –  [ 1
      ⚙ if  [ time ▼ . Text ▼  = ▼  [ 0
      then  set  timer ▼ . TimerEnabled ▼  to  [ false ▼
```

```
when  riset ▼ .Click
do    set  global tokuten ▼  to  [ 0
      call  update_tokuten ▼
      call  idoufucyan ▼
      set  time ▼ . Text ▼  to  [ 60
      set  timer ▼ . TimerEnabled ▼  to  [ true ▼
```

例題 4-3　ジャンケンゲーム（ランダムに「グー」「チョキ」「パー」を表示）

例題 4-3　スマホが「じゃーん！けーん！ぽんっ！」としゃべって，「グー」，「チョキ」，「パー」の絵をランダムに表示する。各絵を表示するとともに，「グー」を表示すれば同時に「グー」としゃべるようにもする。

　図 4-3-1 は，スマホが「じゃーん！けーん！ぽんっ！」としゃべって，「グー」を出した例である。

　　図 4-3-2 は，スマホが「じゃーん！けーん！ぽんっ！」としゃべって，「チョキ」を出した例である。

　　図 4-3-3 は，スマホが「じゃーん！けーん！ぽんっ！」としゃべって，「パー」を出した例である。

図 4-3-1　　　　　　　図 4-3-2　　　　　　　図 4-3-3

表 4-3　ジャンケンゲームのデザイナ部品リスト

グループ	部品名	Components 名	プロパティ名	プロパティ値
Drawing and Animation	Canvas	Canvas1	Height Width	Fill parent
	ImageSprite	paSprite1		x=68, y=101
	ImageSprite	cyokiSprite1		X=81, y=88
	ImageSprite	guSprite1		X=74, y=87
Media	TextToSpeech	TextToSpeec1		
Snesors	Clock	timer	TimeInterval	5000
Media	TextToSpeech	TextToSpeec2		
	TextToSpeech	TextToSpeec3		
	TextToSpeech	TextToSpeec4		
	Upload File	gu2.jpg		
	Upload File	cyoki2.jpg		
	Upload File	pa2.jpg		

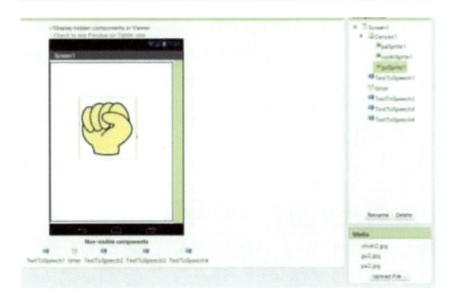

上図の designer 画面を表4-3のデザイナー部品リストを参考にして作ってください。

ブロックエディタ画面に「Blocks」ボタンをクリックして移動する。

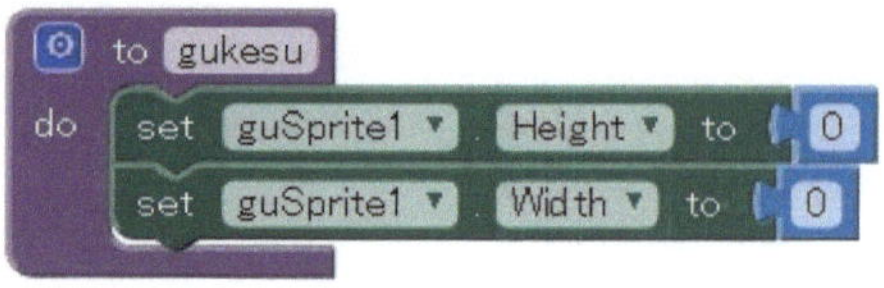

上図は，「グー」の絵のスプライトの高さ Height と幅 Width を0にして，スマホ画面の「グー」の絵を消すプロシージャ gusesu である。

次のブロックは，逆に「グー」の絵を表示するプロシージャ guhyouji である。

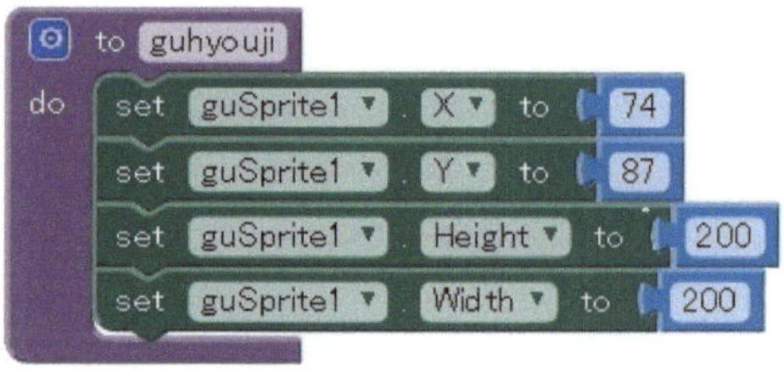

「set guSprite x to 74」と「set guSprite y to 87」の命令は，「グー」の絵の表示位置の (x, y) 座標を(74, 87)に設定している。これにより，「グー」の絵の表示をほぼ中央に表示できる。「チョキ」と「パー」についても，同様なプロシージャ cyokikesu, cyokihyouji, pakesu, pahyouji を作成する。

上図は，例題4-1でも使用した一定時間間隔でイベントを起こす命令である。

「when timer Timer do」はデザイン画面で「timer」のプロパティ欄の Time Interval を5000に設定しているので，5秒間隔でイベントが発生する。

「call pakesu」，「call cyokikesu」，「call gukesu」の命令によりまず，スマホ画面をクリアしている。次の「call TextToSpeech1 Speak message "じゃーん！けーん！ぽんっ！"」命令で，「じゃーん！けーん！ぽんっ！」としゃべる。

```
when  TextToSpeech1 ▼  AfterSpeaking
  result
do   initialize local sentaku to      random integer from  1  to  3
  in   if    get sentaku ▼  =▼  1
       then  call TextToSpeech2 ▼ .Speak
                              message  " ぐー "
             call guhyouji ▼
             if    get sentaku ▼  =▼  2
       then  call TextToSpeech3 ▼ .Speak
                              message  " ちょき "
             call cyokihyouji ▼
             if    get sentaku ▼  =▼  3
       then  call TextToSpeech4 ▼ .Speak
                              message  " ぱー "
             call pahyouji ▼
```

　上図のブロックは，TextToSpeech1 で「じゃーん！けーん！ぽんっ！」としゃべった後で，実行する。

「initialize local sentaku to random integer from 1 to 3 in」命令は，1 から 3 までの乱数を発生している。乱数 1 を「グー」に，乱数 2 を「チョキ」に乱数 3 を「パー」に対応させている。

　次の if 文「if get sentaku = 1 then call TextToSpeech2 Speak message "ぐー"」「call guhyouji」は，

　もしも変数 sentaku が 1 に等しいならば，「ぐー」としゃべりなさい。

　「グー」の絵も表示しなさいという意味である。

次の if 文「if get sentaku = 2 then call TextToSpeech3 Speak message "ちょき"」「call cyokihyouji」は，

　もしも変数 sentaku が 2 に等しいならば，「ちょき」としゃべりなさい。

「チョキ」の絵も表示しなさいという意味である。

次の if 文「if get sentaku = 3 then call TextToSpeech4 Speak message "ぱー"」

「call pahyouji」は,

　もしも変数 sentaku が 3 に等しいならば,「パー」としゃべりなさい。

　「パー」の絵も表示しなさいという意味である。

例題 4-3　プログラム

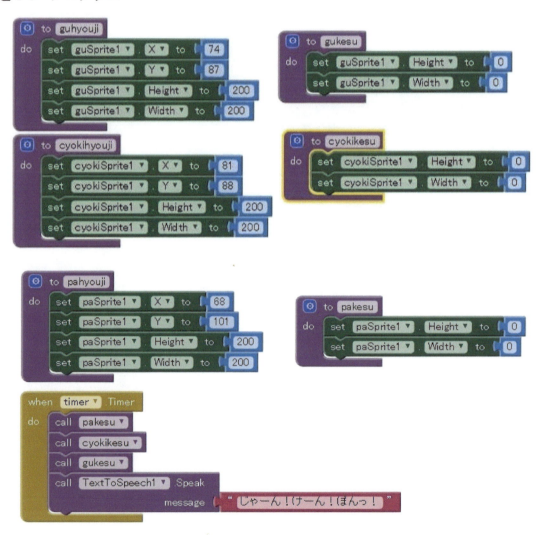

例題 4-4　ユーザとスマホのじゃんけん勝負ゲーム

　次図の図 4-4-1 から図 4-4-4 に示すように，スマホが「じゃーん！けーん！ぽんっ！」と
しゃべっている間にユーザは，「グー」「チョキ」「パー」のどれかのボタンにタッチして，
スマホとじゃんけん勝負する。スマホに勝てば，「勝敗表示」欄に「勝ち」「負け」を表示し
て，勝つごとに 10 点加点される。

負けた場合は，10 点減点される。あいこの場合は，加点も減点もされない。また，スマホ
は，「グー」「チョキ」「パー」の絵を表示するときに音声でもしゃべるようにする。図 4-4-1
はアプリ起動後の諸画面である。

図 4-4-2 は，ユーザが「グー」ボタンを押して，スマホに勝った画面である。得点が 10 点
加点されている。

図 4-4-3 は，ユーザが「グー」ボタンを押して，スマホとあいこに画面である。得点は 10
点のまま増減なしである。図 4-4-4 は，ユーザが「グー」ボタンを押して，スマホに負けた
画面である。得点が 10 点減点されている。（得点が 10 になっているのは，途中の経過を省

いているためである。）

図 4-4-1　　　　図 4-4-2　　　　図 4-4-3　　　　図 4-4-4

表 4-4-1　ユーザとスマフォとじゃんけん勝負ゲームのデザイナ部品リスト

グループ	部品名	Components 名	プロパティ名	プロパティ値
Drawing and Animation	Canvas	Canvas1	Height Width	Fill parent
	ImageSprite	paSprite1		x=68,y=101
	ImageSprite	cyokiSprite1		X=81,y=88
	ImageSprite	guSprite1		X=74,y=87
Media	TextToSpeech	TextToSpeec1		
Snesors	Clock	timer	TimeInterval	5000
Media	TextToSpeech	TextToSpeec2		
	TextToSpeech	TextToSpeec3		
	TextToSpeech	TextToSpeec4		
HorizontalArrangement				
User Interface	Button	hito_gu		Height=50 Width=100
	Button	hito_cyoki		Height=50 Width=100
	Button	hito_pa		Height=50 Width=100
HorizontalArrangement				
User Interface	Label	Tokuten_Label		Height=50
	Label	Ten_status		Height=50
	Label	syouhai		Height=50

上図の designer 画面を表 4-4-1 のデザイナー部品リストを参考にして作ってください。

ブロックエディタ画面に「Blocks」ボタンをクリックして移動する。

得点の変数 ten とユーザの出す「グー」「チョキ」「パー」の変数「jyan_hen」
の初期設定をしている。変数 jyan_hen が 1 のときが「グー」 2 のときが「チョ

キ」，3のときが「パー」に対応させている。初期設定で1にしているのは，ユーザがどのボタンもタッチしなければ，「グー」をタッチした設定にしている。

ユーザは「グー」「チョキ」「パー」のどのボタンにタッチして，じゃんけんをしたかを決定しているが上図のブロックである。

「when hito_gu Click do set global jyan_hen to 1」は「グー」のボタンにタッチすれば，jyan_hen の変数を1に設定するということである。

同様にして，「チョキ」のボタンにタッチすれば，jyan_hen の変数を2に設定し，「パー」のボタンにタッチすれば，jyan_hen の変数を3に設定するということである。

上図の update_ten プロシージャは得点の変数 ten を更新している。

上図のブロック「when timer Timer do」は，「パー」「チョキ」「グー」の画像を消して，スマホが「じゃーん！けーん！ぽんっ！」と5秒ごとにしゃべるイベントである。

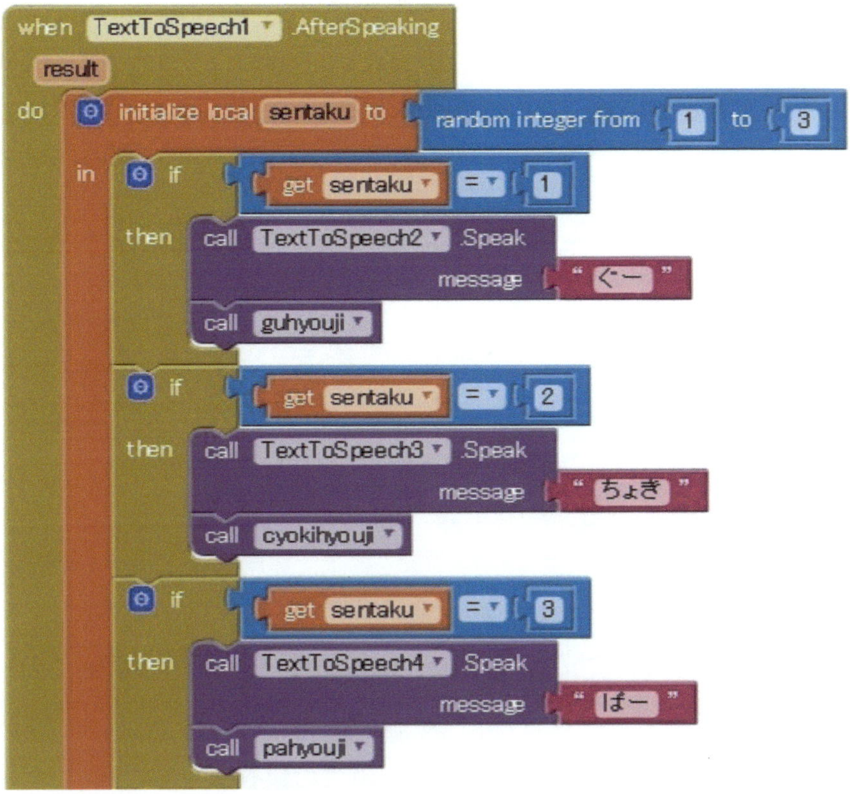

上図のブロックは，スマホが「じゃーん！けーん！ぽんっ！」としゃべった後，スマホが乱数で「グー」「チョキ」「パー」を出す部分である。

上図のブロックは，表 4-4-2 のスマホとユーザとのジャンケン勝敗表の黄色で塗った場所，つまり，スマホが「グー」（1）をだし，ユーザが「パー」（3）を出した場合の if 文である。

　変数 sentaku(この場合 1 である)と変数 jyan_hen(この場合 3 である)から 2 を引いて等しいならば，syouhai ラベルを「勝ち」に設定し，得点変数 ten を 10 点加点して，得点表示を更新する。

表 4-4-2　スマフォとユーザとのジャンケン勝敗表

スマフォ	グー 1		チョキ 2		パー 3	
ユーザ	グー 1	あいこ	グー 1	勝ち	グー 1	負け
	チョキ 2	負け	チョキ 2	あいこ	チョキ 2	勝ち
	パー 3	勝ち	パー 3	負け	パー 3	あいこ

次図のブロックは，表 4-4-2 のスマホとユーザとのジャンケン勝敗表の緑色で塗った場所，つまり，スマホが「グー」（数値は 1）をだし，ユーザが「チョキ」（数値は 2）を出した場合の if 文である。

　変数 sentaku(この場合 1 である)と変数 jyan_hen(この場合 2 である)から 1 を引いて等しいならば，syouhai ラベルを「負け」に設定し，得点変数 ten を 10 点減点して，得点表示を更新する。

次図のブロックは，表 4-4-2 のスマホとユーザとのジャンケン勝敗表の薄い青

色で塗った場所，つまり，スマホが「グー」（数値は 1）をだし，ユーザも「グー」（数値は 1）を出した場合の if 文である。

変数 sentaku(この場合 1 である)と変数 jyan_hen(この場合 1 である)が等しいならば，syouhai ラベルを「あいこ」に設定し，得点表示を更新する。

以後，表 4-4-2　スマホとユーザとのジャンケン勝敗表の残りの「勝ち」「負け」のすべてを if 文のブロックで作成する。内容は，上図のブロックに倣って作成してください。

例題 4-4 のユーザとスマホのじゃんけん勝負ゲームプログラム

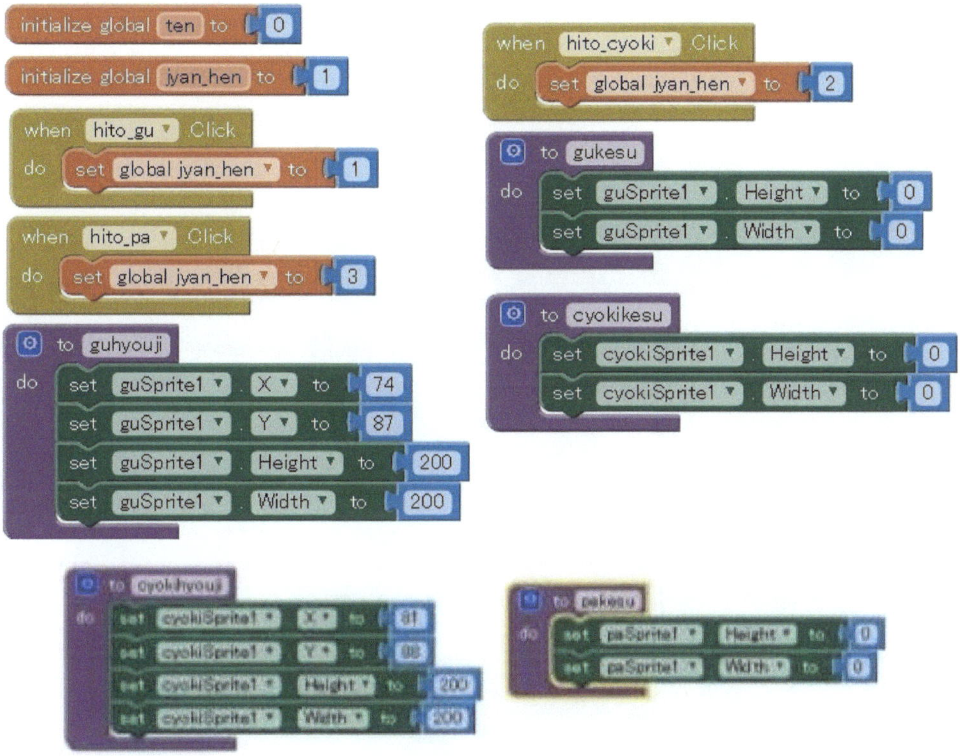

```
to pahyouji
do  set paSprite1 . X to 68
    set paSprite1 . Y to 101
    set paSprite1 . Height to 200
    set paSprite1 . Width to 200
```

```
to update_ten
do  set ten_status . Text to get global ten
```

```
when timer .Timer
do  call pakesu
    call cyokikesu
    call gukesu
    call TextToSpeech1 .Speak
            message " じゃーん！けーん！ぽんっ！ "
```

```
when TextToSpeech1 .AfterSpeaking
result
do  initialize local sentaku to random integer from 1 to 3
    in  if get sentaku = 1
        then call TextToSpeech2 .Speak
                    message " ぐー "
             call guhyouji
        if get sentaku = 2
        then call TextToSpeech3 .Speak
                    message " ちょき "
             call cyokihyouji
```

132

```
if    get sentaku ▾ = ▾ 3
then  call TextToSpeech4 ▾ .Speak
                        message " ぱー "
      call pahyouji ▾

if    get sentaku ▾ = ▾  get global jyan_hen ▾ − 2
then  set syouhai ▾ . Text ▾ to " 勝ち "
      set global ten ▾ to  get global ten ▾ + 10
      call update_ten ▾

if    get sentaku ▾ = ▾  get global jyan_hen ▾ − 1
then  set syouhai ▾ . Text ▾ to " 負け "
      set global ten ▾ to  get global ten ▾ − 10
      call update_ten ▾

if    get sentaku ▾ = ▾  get global jyan_hen ▾
then  set syouhai ▾ . Text ▾ to " あいこ "
      call update_ten ▾

if    get sentaku ▾ = ▾  get global jyan_hen ▾ + 1
then  set syouhai ▾ . Text ▾ to " 勝ち "
      set global ten ▾ to  get global ten ▾ + 10
      call update_ten ▾
```

```
if    get sentaku ▼ = ▼    get global jyan_hen ▼ + 1
then  set syouhai ▼ . Text ▼ to " 勝ち "
      set global ten ▼ to    get global ten ▼ + 10
      call update_ten ▼

if    get sentaku ▼ = ▼    get global jyan_hen ▼ - 1
then  set syouhai ▼ . Text ▼ to " 負け "
      set global ten ▼ to    get global ten ▼ - 10
      call update_ten ▼

if    get sentaku ▼ = ▼    get global jyan_hen ▼ + 2
then  set syouhai ▼ . Text ▼ to " 負け "
      set global ten ▼ to    get global ten ▼ - 10
      call update_ten ▼

if    get sentaku ▼ = ▼    get global jyan_hen ▼ - 1
then  set syouhai ▼ . Text ▼ to " 勝ち "
      set global ten ▼ to    get global ten ▼ + 10
      call update_ten ▼
```

4章　演習問題

演習問題 4-1　初級・中級レベルのあるモグラたたき

　　初級ボタンをタッチすればスマホ画面内を 1 秒おきに，中級ボタンをタッチすれば 0.5 秒おきにランダムに移動するモグラにタッチするゲームを作る。時間設定を 60 秒とし，その間にモグラにタッチできれば，タッチするごとに 10 点増えて，スマホが「あたり」としゃべり，震えるようにする。また，ボタンにタッチしてから設定時間 60 秒が来れば「終了です。」しゃべる。

演習問題 4-2　**初級・中級・上級レベルのあるモグラたたきふーちゃんはだめよ**

　　初級ボタンをタッチすれば 1 秒おきに，中級ボタンをタッチすれば，0.5 秒おきに，上級ボタンをタッチすれば 0.33 秒おきにモグラと子猫ふーちゃんがランダムにスマホ画面に現れる。モグラにタッチした時に，「あたり」とスマホがしゃべるとともに画面の状況欄にも「あたり」と表示されて 10 点加点される。子猫ふーちゃんにタッチすれば「だめ！」としゃべるとともに画面の状況欄に「ダメ」と表示されて，10 点減点されるゲームを作る。また，ボタンにタッチしてから初級は 30 秒，中級は 60 秒，上級は 120 秒経過すれば「終了です」としゃべる。

演習問題 4-3　スマホとじゃんけん 10 番勝負

　例題 4−3 に次のような機能を追加する。

①例題 4-3 のジャンケンゲームに 10 回勝負という回数制限を設定する。回数を最初に 10 を設定し画面下に表示し，1 回じゃんけんをするごとに回数を減らして表示する。

②ユーザがジャンケンの何を出したのか，画面の右下に目立つように背景色を黄色にして表示する。

③得点の点数も目立つように，背景を橙色にして，表示する。

④10 回戦終了後，ユーザが勝つとスマホから「あなたはスマホに勝ちました。おめでとうございます！」

　ユーザが負けるとスマホから「あなたはスマホに負けました。残念でした！次の勝負で勝ちましょう！」

　ユーザとスマホが引き分けの場合「あなたはスマホと引き分けです！次の勝負で勝ちましょう！」とメッセージが出るようにする。

演習図 4-1-1　　　　演習図 4-1-2　　　　演習図 4-1-3　　　　演習図 4-1-4

第5章　演習問題解答解説

演習問題 2-1　解答

演習問題 2-1 の画面設計

表 5-1　演習問題 2-1 のデザイナ部品リスト

グループ	部品名	Components 名	プロパティ名	プロパティ値
Media	TextToSpeech	TextToSpeec1		
User Interface	Button	syaberu	Text	しゃべる
	TextBox	TextBox1	Text	空欄
	Label	midasi	Text	しゃべる内容を入力してください

演習問題 2-1　プログラム

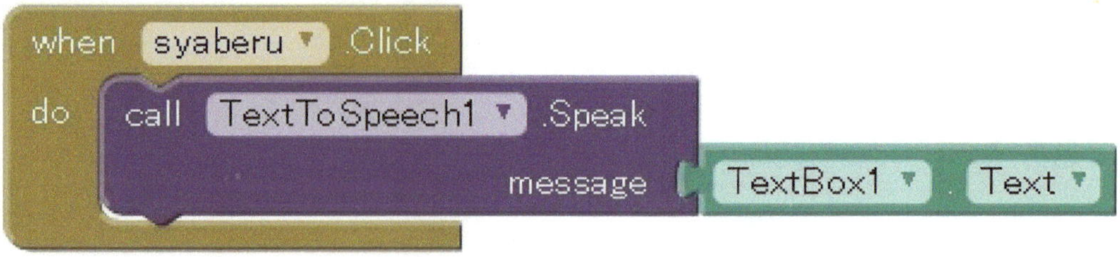

演習問題 2-2　解答

表 5-2　演習問題 2-2 のデザイナ部品リスト

グループ	部品名	Components 名	プロパティ名	プロパティ値
Media	TextToSpeech	TextToSpeec1		
User Interface	Button	syaberu	Text	しゃべる
	TextBox	TextBox1	Text	空欄
	Label	midasi	Text	しゃべる内容を入力してください
Sensors	Accelerometer Sensor	AccelerometerSensor1		

演習問題 2-2　プログラム

138

演習問題 2-3　解答

デザイナー部品リストは演習問題 2-2 と同じ

演習問題 2-3　プログラム

演習問題 2-4　解答

画面設計

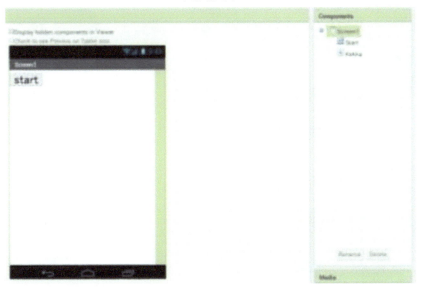

表 5-3　演習問題 2-4 のデザイナ部品リスト

グループ	部品名	Components 名	プロパティ名	プロパティ値
User	Button	start	Text	start
Interface	Label	kekka	Text	空欄

演習問題 2-4　プログラム

```
initialize global wa to 0

when Start .Click
do  set global wa to 0
    for each number from 1
                     to 21
                     by 2
    do  set global wa to (get global wa + get number)
    set Kekka . Text to join " 1+3+・・・+21＝ "
                              get global wa
```

演習問題 2-5　入力した 2 つの数の計算解答

画面設計

140

部品リスト

グループ	部品名	Components名	プロパティ名	プロパティ値
User Interface	Button	Start	Text	start
	Label	x	Text	x
	Label	y	Text	y
	Label	wa	Text	wa
	Label	wa	Text	wa
	Label	sa	Text	sa
	Label	seki	Text	seki
	Label	syou	Text	syou
	TextBox	TextBox1	TextBox1	Enabled
				Numbersonly
	TextBox	TextBox2	TextBox2	Enabled
				Numbersonly

プログラム

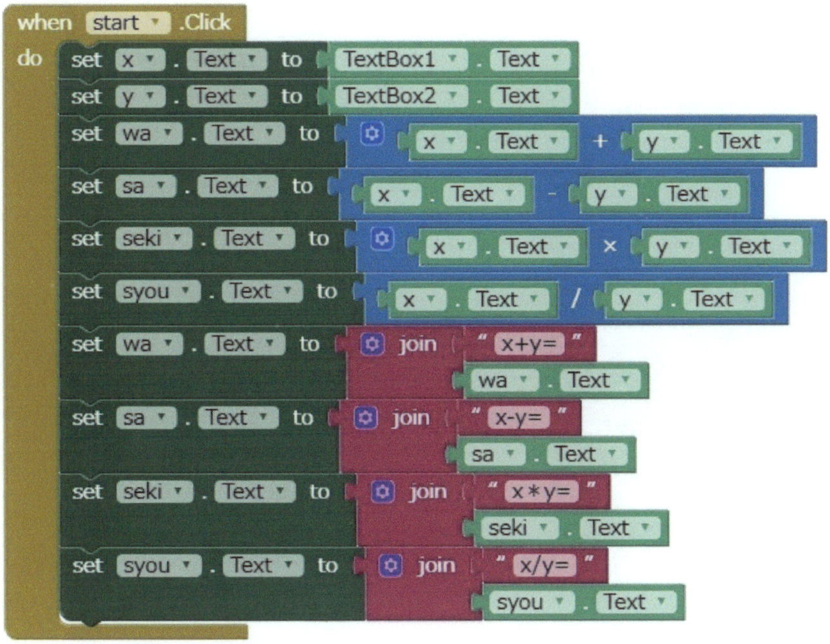

演習問題 3-1　解答

画面設計

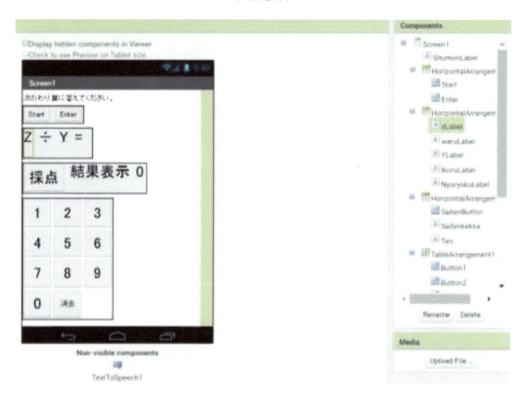

表 5-4　ジャンケンゲームのデザイナ部品リスト 1

グループ	部品名	Components 名	プロパティ名	プロパティ値
User Interface	Label	SitumonLabel	Text	次のわり算に答えてください。
HorizontalArrangement				
User	Button	Start	Text	Start
Interface	Button	Enter	Text	Enter

表 5-4　ジャンケンゲームのデザイナ部品リスト 2

グループ	部品名	Components 名	プロパティ名	プロパティ値
HorizontalArrangement			(FontSize=30)	
User Interface	Label	zLabel	Text	z
	Label	waruLabel	Text	÷
	Label	YLabel	Text	Y
	Label	IkoruLabel	Text	=
	Label	Nyuryokulabel	Text	空欄
HorizontalArrangement			(FontSize=30)	
User Interface	Button	SaitenButton	Text	採点
	Label	Saitenkekka	Text	結果表示
	Label	Ten	Text	0
TableArrangement			(FontSize=30)	
User Interface	Button	Button1	Text	1
		Button2	Text	2
		Button3	Text	3
		Button4	Text	4
		Button5	Text	5
		Button6	Text	6
		Button7	Text	7
		Button8	Text	8
		Button9	Text	9
		Button10	Text	0
Media	TextToSpeech	TextToSpeech1		

演習問題 3-1　プログラム

```
initialize global syou to 0
initialize global ten to 0
initialize global monsu to 0
initialize global push to 0
initialize global keta to 0
initialize global hensu to 0
initialize global X to [ random integer from 1 to 10 ]
initialize global Y to [ random integer from 1 to 10 ]

initialize global z to 0
initialize global seikai to 0
initialize global ayamari to 0
initialize global seki to 0
initialize global in to 0
initialize global hensu1 to 0
```

```
when Button5.Click
do  set global push to 5
    call hozon

when Button6.Click
do  set global push to 6
    call hozon

when Button7.Click
do  set global push to 7
    call hozon

when Button8.Click
do  set global push to 8
    call hozon

when Button9.Click
do  set global push to 9
    call hozon

when Button1.Click
do  set global push to 1
    call hozon

when Button2.Click
do  set global push to 2
    call hozon

when Button3.Click
do  set global push to 3
    call hozon

when Button4.Click
do  set global push to 4
    call hozon

when Button10.Click
do  set global push to 0
    call hozon
```

```
to hozon
do  if    get global keta = 0
    then  set global hensu to get global push
        if    get global keta = 1
        then  set global hensu1 to get global push
    set global keta to ( get global keta + 1 )

when Start .Click
do  call syutudai

when Enter .Click
do  call tasu

to tasu
do  if    get global keta = 1
    then  set global in to get global hensu
          set NyuryokuLabel . Text to get global in
        if    get global keta = 2
        then  set global in to ( get global hensu × 10 )
              set global in to ( get global in + get global hensu1 )
          set NyuryokuLabel . Text to get global in

to syutudai
do  set global X to random integer from 1 to 9
    set global Y to random integer from 1 to 9
    set global z to ( get global X × get global Y )
    set zLabel . Text to get global z
    set YLabel . Text to get global Y
```

145

```
when SaitenButton Click
do  set global monsu to    ⊙    get global monsu  + 1
    set global syou to    get global z  / get global Y
    ⊙ if    get global syou  = ▼  get global in
    then set Saitenkekka . Text to " 正解です！ "
         call TextToSpeech1 .Speak
                    message " 正解です！ "
         set global seikai to  ⊙  get global seikai  + 1
         set global ten to  ⊙  get global seikai  ×  100 / get global monsu
         set Ten . Text to  round  get global ten
    ⊙ if    get global syou  ≠ ▼  get global in
    then set Saitenkekka . Text to " 間違いです。 "
         call TextToSpeech1 .Speak
                    message " 間違いです。 "
         set global ten to  ⊙  get global seikai  ×  100 / get global monsu
         set Ten . Text to  round  get global ten
    set global in to 0
    set global keta to 0
```

```
when syoukyo Click
do  set global in to 0
    set global keta to 0
    set global seki to 0
    set Saitenkekka . Text to " "
    set NyuryokuLabel . Text to 0
    set zLabel . Text to 0
    set YLabel . Text to 0
    set global push to 0
    set global hensu to 0
    set global hensu1 to 0
```

演習問題 3-2 解答　割り算・かけ算・引き算・足し算のできる電卓

スマホ画面設計

表 5-5　電卓のデザイナー部品リスト 1

グループ	部品名	Components 名	プロパティ名	プロパティ値
HorizontalArrangement				
User Interface	Button	syoukyo	Text	消去
	Label	Hyouji_in	Text	入力の値
User Interface	Label	Hyouji_kekka	Text	表示結果

147

表 5-5　電卓のデザイナー部品リスト 2

グループ	部品名	Components名	プロパティ名	プロパティ値
TableArrangement			(FontSize=30)	
User Interface	Button	Button1	Text	1
		Button2	Text	2
		Button3	Text	3
		Button4	Text	4
		Button5	Text	5
		Button6	Text	6
		Button7	Text	7
		Button8	Text	8
		Button9	Text	9
		Button0	Text	0
		ikoru	Text	=
		mainasu	Text	−
		purasu	Text	+
		kakeru	Text	×
		waru	Text	÷

演習問題 3-2　プログラム

```
initialize global (warusu) to [ 0 ]
initialize global (kakesu) to [ 0 ]
initialize global (maisu) to [ 0 ]
initialize global (vaiable) to [ 0 ]
initialize global (variable1) to [ 0 ]
initialize global (in) to [ 0 ]
```

```
initialize global (flg) to [ 0 ]
initialize global (sum) to [ 0 ]
initialize global (osi) to [ 0 ]
initialize global (keta) to [ 0 ]
initialize global (variable2) to [ 0 ]
```

```
when Button1 .Click
do  set global osi to [ 1 ]
    call hozon
```

```
when Button2 .Click
do  set global osi to [ 2 ]
    call hozon
```

```
when Button3 .Click
do  set global osi to [ 3 ]
    call hozon
```

```
when Button4 .Click
do  set global osi to [ 4 ]
    call hozon
```

```
when Button5 .Click
do  set global osi to [ 5 ]
    call hozon
```

```
when Button6 .Click
do  set global osi to [ 6 ]
    call hozon
```

```
when Button7 .Click
do  set global osi to [ 7 ]
    call hozon
```

```
when Button8 .Click
do  set global osi to [ 8 ]
    call hozon
```

```
when Button9 .Click
do  set global osi to [ 9 ]
    call hozon
```

```
when Button0 .Click
do  set global osi to [ 0 ]
    call hozon
```

```
to hozon
do  if     get global keta ▾ = ▾ 0
    then  set global vaiable ▾ to   get global osi ▾

    if     get global keta ▾ = ▾ 1
    then  set global variable1 ▾ to   get global osi ▾

    if     get global keta ▾ = ▾ 2
    then  set global variable2 ▾ to   get global osi ▾

    set global keta ▾ to     get global keta ▾ + 1
```

```
when purasu ▾ .Click
do  call tasu ▾
    set global sum ▾ to     get global sum ▾ + get global in ▾
    set global in ▾ to 0
    set global keta ▾ to 0
    set global flg ▾ to 0
```

```
when mainasu ▾ .Click
do  call tasu ▾
    set global maisu ▾ to     get global maisu ▾ + get global in ▾
    set global in ▾ to 0
    set global keta ▾ to 0
    set global flg ▾ to 1
```

```
when kakeru ▾ .Click
do  call tasu ▾
    set global kakesu ▾ to     get global kakesu ▾ + get global in ▾
    set global in ▾ to 0
    set global keta ▾ to 0
    set global flg ▾ to 2
```

```
to tasu
do  if      get global keta  = 1
    then  set global in to  get global vaiable

    if      get global keta  = 2
    then  set global in to  ( get global vaiable  × 10 )
          set global in to  ( get global in  + get global variable1 )

    if      get global keta  = 3
    then  set global in to  ( get global vaiable  × 100 )
          set global in to  ( get global in  + ( get global variable1  × 10 ) )
          set global in to  ( get global in  + get global variable2 )

    set hyouji_in . Text to  get global in

when waru .Click
do  call tasu
    set global warusu to  ( get global warusu  + get global in )
    set global in to 0
    set global keta to 0
    set global flg to 3
```

```
when  ikoru ▼ .Click
do   call tasu ▼
     if    get global flg ▼  = ▼  0
     then  set global sum ▼ to      get global sum ▼  +  get global in ▼
           set hyouji_kekka ▼ . Text ▼ to  get global sum ▼

     if    get global flg ▼  = ▼  1
     then  set global maisu ▼ to   get global maisu ▼  -  get global in ▼
           set hyouji_kekka ▼ . Text ▼ to  get global maisu ▼

     if    get global flg ▼  = ▼  2
     then  set global kakesu ▼ to     get global kakesu ▼  ×  get global in ▼
           set hyouji_kekka ▼ . Text ▼ to  get global kakesu ▼

     if    get global flg ▼  = ▼  3
     then  set global warusu ▼ to   get global warusu ▼  /  get global in ▼
           set hyouji_kekka ▼ . Text ▼ to  get global warusu ▼
```

```
when  syoukyo ▼ .Click
do   set global in ▼ to  0
     set global keta ▼ to  0
     set global sum ▼ to  0
     set global maisu ▼ to  0
     set global kakesu ▼ to  0
     set global warusu ▼ to  0
     set global flg ▼ to  0
     set hyouji_in ▼ . Text ▼ to  0
     set hyouji_kekka ▼ . Text ▼ to  0
     set global osi ▼ to  0
```

152

演習問題 3-3　解答 10 問出題して評価のでる elearning ソフトかけざん練習

画面設計

表 5-6　演習問題 3-3 のデザイナー部品リスト 1

グループ	部品名	Components 名	プロパティ名	プロパティ値
User Interface	Label	Label1	Text	次のかけ算に 答えてください。
HorizontalArrangement				
User Interface	Button	start	Text	start
	Label	riset	Text	リセット

表 5-6 演習問題 3-3 のデザイナー部品リスト 2

グループ	部品名	Components名	プロパティ名	プロパティ値
Horizontal Arrangement				
User Interface	Label	xLabel	Text	X
	Label	kakeru	Text	×
	Label	yLabel	Text	Y
	Label	ikoru	Text	=
	Label	nyuryoku_hyouji	Text	入力
Horizontal Arrangement				
User Interface	Button	saitenButton	Text	採点
	Label	saitenkekka	Text	結果表示
	Label	ten	Text	空欄
Horizontal Arrangement				
User Interface	Label	seikaisu	Text	正解数
	Label	mondaisu	Text	問題数
User Interface	Label	jyunban	Text	start→答え入力→enter→採点→消去
Media	TextToSpeech	TextToSpeech1		

表 5-6　演習問題 3-3 のデザイナー部品リスト 3

グループ	部品名	Components 名	プロパティ名	プロパティ値
TableArrangement			(FontSize=30)	
User Interface	Button	Button1	Text	1
		Button2	Text	2
		Button3	Text	3
		Button4	Text	4
		Button5	Text	5
		Button6	Text	6
		Button7	Text	7
		Button8	Text	8
		Button9	Text	9
		Button0	Text	0
		syoukyo	Text	消去
		enter	Text	enter

演習問題 3-3　プログラム

```
initialize global ten to 0
initialize global variable to 0
initialize global variable1 to 0
initialize global osi to 0
initialize global keta to 0
initialize global in to 0

initialize global seki to 0
initialize global seikaisu to 0
initialize global monsu to 0
initialize global X to random integer from 1 to 9
initialize global Y to random integer from 1 to 9

when Button1 .Click
do set global osi to 1
   call hozon

when Button2 .Click
do set global osi to 2
   call hozon

when Button3 .Click
do set global osi to 3
   call hozon

when Button4 .Click
do set global osi to 4
   call hozon

when Button5 .Click
do set global osi to 5
   call hozon

when Button0 .Click
do set global osi to 0
   call hozon

when Button6 .Click
do set global osi to 6
   call hozon

when Button7 .Click
do set global osi to 7
   call hozon

when Button8 .Click
do set global osi to 8
   call hozon

when Button9 .Click
do set global osi to 9
   call hozon
```

when start Click
do call syutudai

when enter Click
do call tasu

to hozon
do
  if get global keta = 0
  then set global variable to get global osi
  if get global keta = 1
  then set global variable1 to get global osi
  set global keta to get global keta + 1

to tasu
do
  if get global keta = 1
  then set global in to get global variable
  if get global keta = 2
  then set global in to get global variable × 10
       set global in to get global in + get global variable1
  set nyuryoku_hyouji . Text to get global in

when riset Click
do
  set global ten to 0
  set ten . Text to 0
  set global monsu to 0
  set global seikaisu to 0
  set seikaisu . Text to 0
  set mondaisu . Text to 0
  set global seki to 0
  set global X to 0
  set global Y to 0
  set global in to 0
  set saitenkekka . Text to " "
  set nyuryoku_hyouji . Text to 0
  set xLabel . Text to 0
  set yLabel . Text to 0
  set global osi to 0

157

```
to syutudai
do  set global monsu ▼ to       get global monsu ▼  +  1
    if    get global monsu ▼  > ▼  10
    then  if    get global ten ▼  ≥ ▼  80
          then  call  TextToSpeech1 ▼ .Speak
                            message    " 大変よくできました "
                set  ten ▼ . Text ▼  to    get global ten ▼
          if    get global ten ▼  < ▼  80
          then  if    get global ten ▼  ≥ ▼  60
                then  call  TextToSpeech1 ▼ .Speak
                                  message    " よくできました "
                      set  ten ▼ . Text ▼  to    get global ten ▼
          if    get global ten ▼  < ▼  60
          then  call  TextToSpeech1 ▼ .Speak
                            message    " もう少し頑張りましょう "
                set  ten ▼ . Text ▼  to    get global ten ▼

    if    get global monsu ▼  ≤ ▼  10
    then  set  global X ▼  to    random integer from  1  to  9
          set  global Y ▼  to    random integer from  1  to  9
          set  xLabel ▼ . Text ▼  to    get global X ▼
          set  yLabel ▼ . Text ▼  to    get global Y ▼
```

159

演習問題 4-1　初級・中級レベルのあるモグラたたき解答

画面設計

部品リスト

グループ	部品名	Components 名	プロパティ名	プロパティ値
Drawing and	Canvas	Idoucanvas		
Animation	ImageSprite	moguraSprite	Picture	Mogura50t.png
User	Button	初級	Text	初級
Interface		中級	Text	中級
Sensors	Clock	Timer1	TimeInterval	1000ms
		Timer2	TimeInterval	500ms
Media	Sound	action		
	TextToSpeach1	TextToSpeach1		
HorizontalArrangement の中				
User	Label	ten	Text	得点
Interface	Label	Nokori	Text	残り時間
	Label	Time	Text	60
	Label	byou	Text	秒

プログラム

```
initialize global tokuten to 0

to idoumogura
do  set moguraSprite1 . X to   random fraction × ( idouCanvas1 . Width - moguraSprite1 . Width )
    set moguraSprite1 . Y to   random fraction × ( idouCanvas1 . Height - moguraSprite1 . Height )

to update_tokuten
do  set ten . Text to   join " 得点 "
                              get global tokuten

when moguraSprite1 .Touched
  x  y
do  set global tokuten to   get global tokuten + 10
    call action .Vibrate
              millisecs 100
    call TextToSpeech1 .Speak
              message " あたり "
    call update_tokuten
    call idoumogura

when 中級 .Click
do  set global tokuten to 0
    call update_tokuten
    set time . Text to 60
    set timer2 . TimerEnabled to true
    set timer1 . TimerEnabled to false

when 初級 .Click
do  set global tokuten to 0
    call update_tokuten
    set time . Text to 60
    set timer1 . TimerEnabled to true
    set timer2 . TimerEnabled to false

when timer1 .Timer
do  call idoumogura
    set time . Text to   time . Text - 1
    if   time . Text = 0
    then call TextToSpeech1 .Speak
              message " 終了です "
         set timer1 . TimerEnabled to false

when timer2 .Timer
do  call idoumogura
    set time . Text to   time . Text - 1
    if   time . Text = 0
    then call TextToSpeech1 .Speak
              message " 終了です "
         set timer2 . TimerEnabled to false
```

演習問題 4-2　初級・中級・上級レベルのあるモグラたたきふーちゃんはだめよ解答

画面設計

プログラム

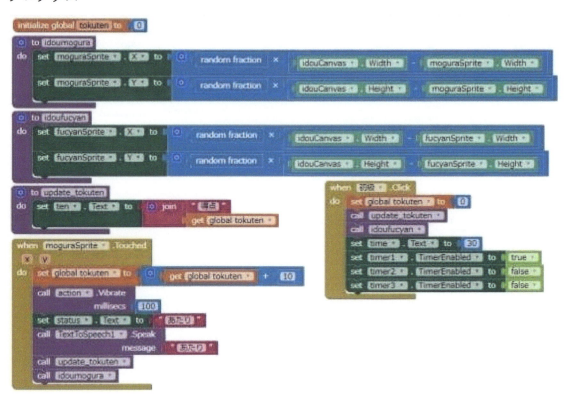

162

```
when fucyanSprite .Touched
 x  y
do  set global tokuten to     get global tokuten  -  10
    call action .Vibrate
              millisecs  100
    set status . Text to  "ダメ"
    call TextToSpeech1 .Speak
              message  "だめ"
    call update_tokuten
    call idoufucyan
```

```
when timer1 .Timer
do  call idoumogura
    call idoufucyan
    set time . Text to   time . Text  -  1
    if   time . Text  = 0
    then  call TextToSpeech1 .Speak
               message  "終了です"
          set timer1 . TimerEnabled to  false
```

```
when 中級 .Click
do  set global tokuten to  0
    call update_tokuten
    call idoufucyan
    set time . Text to  60
    set timer2 . TimerEnabled to  true
    set timer1 . TimerEnabled to  false
    set timer3 . TimerEnabled to  false
```

```
when 上級 .Click
do  set global tokuten to  0
    call update_tokuten
    call idoufucyan
    set time . Text to  120
    set timer3 . TimerEnabled to  true
    set timer1 . TimerEnabled to  false
    set timer2 . TimerEnabled to  false
```

```
when timer2 .Timer
do  call idoumogura
    call idoufucyan
    set time . Text to   time . Text  -  1
    if   time . Text  = 0
    then  call TextToSpeech1 .Speak
               message  "終了です"
          set timer2 . TimerEnabled to  false
```

```
when timer3 .Timer
do  call idoumogura
    call idoufucyan
    set time . Text to   time . Text  -  1
    if   time . Text  = 0
    then  call TextToSpeech1 .Speak
               message  "終了です"
          set timer3 . TimerEnabled to  false
```

演習問題 4-3　解答スマホとじゃんけん 10 番勝負

画面設計

表 5-6　スマフォとじゃんけん 10 番勝負のデザイナー部品リスト 1

グループ	部品名	Components 名	プロパティ名	プロパティ値
Drawing and Animation	Canvas	Canvas1	Height	300
	ImageSprite	paSprite1		x=68,y=101
	ImageSprite	cyokiSprite1		X=81,y=88
	ImageSprite	guSprite1		X=74,y=87
Media	TextToSpeech	TextToSpeec1		
Snesors	Clock	timer	TimeInterval	5000

表 5-6　スマフォとじゃんけん 10 番勝負のデザイナー部品リスト 2

グループ	部品名	Components 名	プロパティ名	プロパティ値
Media	TextToSpeech	TextToSpeec2		
	TextToSpeech	TextToSpeec3		
	TextToSpeech	TextToSpeec4		
	TextToSpeech	TextToSpeec5		
HorizontalArrangement　(Font Size=20 Height=50 Width=75)				
User Interface	Button	hito_gu	Text	グー
	Button	hito_cyoki	Text	チョキ
	Button	hito_pa	Text	パー
	Button	riset	Text	リセット
HorizontalArrangement　(Font Size=20 Height=automatic Width=automatic)				
User Interface	Label	tokuten_Label	Text	得点
	Label	ten_status	Text	0
	Label	syouhai	Text	勝敗
	Label	midasi_kai	Text	回数：
	Label	kaisu	Text	10
	Label	yuza	Text	ユーザ

演習問題 4-1　プログラム

```
initialize global ten to [ 0 ]
initialize global jyan_hen to [ 1 ]

when hito_cyoki .Click
do  set global jyan_hen to [ 2 ]
    set yuza . Text to " チョキ "

when hito_pa .Click
do  set global jyan_hen to [ 3 ]
    set yuza . Text to " パー "

when riset .Click
do  set global ten to [ 0 ]
    call update_ten
    set kaisu . Text to [ 10 ]
    set timer . TimerEnabled to [ true ]

when hito_gu .Click
do  set global jyan_hen to [ 1 ]
    set yuza . BackgroundColor to [ ]
    set yuza . Text to " グー "

to guhyouji
do  set guSprite1 . X to [ 74 ]
    set guSprite1 . Y to [ 87 ]
    set guSprite1 . Height to [ 200 ]
    set guSprite1 . Width to [ 200 ]

to gukesu
do  set guSprite1 . Height to [ 0 ]
    set guSprite1 . Width to [ 0 ]

to cyokihyouji
do  set cyokiSprite1 . X to [ 81 ]
    set cyokiSprite1 . Y to [ 88 ]
    set cyokiSprite1 . Height to [ 200 ]
    set cyokiSprite1 . Width to [ 200 ]

to cyokikesu
do  set cyokiSprite1 . Height to [ 0 ]
    set cyokiSprite1 . Width to [ 0 ]

to pahyouji
do  set paSprite1 . X to [ 68 ]
    set paSprite1 . Y to [ 101 ]
    set paSprite1 . Height to [ 200 ]
    set paSprite1 . Width to [ 200 ]

to pakesu
do  set paSprite1 . Height to [ 0 ]
    set paSprite1 . Width to [ 0 ]

to update_ten
do  set ten_status . BackgroundColor to [ ]
    set ten_status . Text to [ get global ten ]
```

```
when timer . Timer
do   call oyakesu .
     call oyakikesu .
     call gukesu .
     call TextToSpeech1 . Speak
                       message   " じゃーん！けーん！ぽんっ！"
     set kaisu . Text . to   kaisu . Text . - 1
     if   kaisu . Text . = . 0
     then    if   get global ten . > . 0
             then   call TextToSpeech6 . Speak
                               message   " あなたはスマフォに勝ちました。おめでとうございます！"
             if   get global ten . < . 0
             then   call TextToSpeech6 . Speak
                               message   " あなたはスマフォに負けました。残念でした！次の勝負で勝らましょう！"
             if   get global ten . = . 0
             then   call TextToSpeech6 . Speak
                               message   " あなたはスマフォと引き分けです！次の勝負で勝らましょう！"
             set timer . TimerEnabled . to   false

when TextToSpeech1 . AfterSpeaking
     result
do   initialize local sentaku to   random integer from 1 to 3
     in   if   get sentaku . = . 1
          then   call TextToSpeech2 . Speak
                            message   " ぐー "
                 call guhyouji .
```

168

```
if    get sentaku ▾  = ▾   get global jyan_hen ▾  +  1
then  set syouhai ▾ . Text ▾  to  " 勝ち "
      set global ten ▾  to   get global ten ▾  +  10
      call update_ten ▾

if    get sentaku ▾  = ▾   get global jyan_hen ▾  -  1
then  set syouhai ▾ . Text ▾  to  " 負け "
      set global ten ▾  to   get global ten ▾  -  10
      call update_ten ▾

if    get sentaku ▾  = ▾   get global jyan_hen ▾  +  2
then  set syouhai ▾ . Text ▾  to  " 負け "
      set global ten ▾  to   get global ten ▾  -  10
      call update_ten ▾

if    get sentaku ▾  = ▾   get global jyan_hen ▾  -  1
then  set syouhai ▾ . Text ▾  to  " 勝ち "
      set global ten ▾  to   get global ten ▾  +  10
      call update_ten ▾
```

169

索引

1

2

A

B

C

D

E

F

G

H

I

草野　泰秀（くさの　やすひで）

URL：http://www2s.biglobe.ne.jp/~y-kusano/

1　略歴

1976 年　岡山大学大学院工学研究科電子工学修了

1982 年　岡山県情報処理教育センター　指導主事

2003 年　岡山県立玉野光南高等学校情報科新設情報科長，情報管理室長を歴任後

2011 年　岡山理科大学非常勤講師，高知工科大学非常勤講師等　現在に至る

2　著書

・N-BASIC１００％活用法　　技術評論社

・Ｎ－６０ルンルンＢＡＳＩＣ　技術評論社

・教科書「電子技術」　実教出版　編集協力

・だれにでも手軽に EXCEL でできる VBA プログラミング　amazon.co.jp　kindle 版

・だれにでも手軽に EXCEL でできる VBA プログラミング　CreateSpace 社　書籍版

・だれにでも手軽に EXCEL でできる VBA プログラミング問題解説 amazon.co.jp kindle 版

・だれにでも手軽に EXCEL でできる VBA プログラミング問題解説 CreateSpace 社　書籍版

・**JavaScript 入門　対話型・動的ホームページ作成例題集** amazon.co.jp kindle 版

・**JavaScript 入門　対話型・動的ホームページ作成例題集**　CreateSpace 社　書籍版

・PHP 入門　Web アプリケーション作成例題集 amazon.co.jp kindle 版

・PHP 入門　Web アプリケーション作成例題集　CreateSpace 社　書籍版

・Scrach 入門　親子で楽しんで作るプログラミング教本の例題と解説 amazon.co.jp kindle 版

・Scrach 入門　親子で楽しんで作るプログラミング教本の例題と解説　CreateSpace 社　書籍版

・精解演習進数計算　コンピュータ内部のデータ表現・演算のすべてが分かる演習問題解説書
CreateSpace 社　書籍版

・**App Inventor2 入門　ブロックをつないで楽しんで作るスマートフォンアプリ制作**
amazon.co.jp kindle 版

・**App Inventor2 入門　ブロックをつないで楽しんで作るスマートフォンアプリ制作**
CreateSpace 社　書籍版

・電子計算機概論　コンピュータの基礎から IOT 技術に役立つハードウェア技術の解説書 amazon.co.jp kindle 版

・電子計算機概論　コンピュータの基礎から IOT 技術に役立つハードウェア技術の解説書 CreateSpace 社　書籍版

・Scrach 入門Ⅱ　親子で楽しんで作るプログラミング教本の例題と解説 amazon.co.jp kindle 版

・Scrach 入門Ⅱ　親子で楽しんで作るプログラミング教本の例題と解説　CreateSpace 社　書籍版

・Scratch 入門Ⅲ　amazon.co.jp Kindle 版

・Scratch 入門Ⅲ　CreateSpace 社　書籍

・楽しいゲームをiPad で作ってプログラミングがマスターできる本 ピョンキー amazon.co.jp　kindle 版

・楽しいゲームをiPad で作ってプログラミングがマスターできる本 ピョンキー CreateSpace 社　書籍版

3　資格取得等

・第1種情報処理技術者試験（現応用技術者試験）

・第2種情報処理技術者試験（現基本情報技術者試験）

MOUS (Microsoft Office User Specialist)

Official Certificate of Achievement Microsoft Office User Specialist

Microsoft Excel 97 Proficient

4　Vector に登録している開発ソフト等8本

●バイオリズム診断, ●バイオリズム相性診断, ●KCAI, ●年齢計算, ●時間だよ, ●CASL2 シミュレータ, ●糖塩分カロリー管理, ●食事管理カロリー計算

5　YouTube への登録

22yassan のチャンネルで 70 本の動画をアップしている

楽しいゲームを
ブロックをつないで
超簡単にスマホアプリが
できる本
App Inventor2 入門

Android アプリを
はじめて作る人のために
Scratch 経験者なら
フィーリングでアプリができる！

2016 年 8 月 30 日　　初版
2018 年 3 月 30 日　第 2 版
2018 年 5 月 14 日　第 3 版

草野　泰秀　著

本書は，Amazon.com が販売，発送します。

購入方法は，Kusano's Page URL：http://www2s.biglobe.ne.jp/~y-kusano/

の CreateSpace 出版書籍（紙媒体）サイトに入り，本書をクリックすれば，販売サイトに入れます。

www.ingramcontent.com/pod-product-compliance
Lightning Source LLC
Chambersburg PA
CBHW041429050326
40690CB00002B/470